産経NF文庫
ノンフィクション

「令和」を生きる人に知ってほしい

日本の「戦後」

皿木喜久

潮書房光人新社

文庫版のまえがき

戦前から、米国の対日政策として「ウィーク・ジャパン」派と「ストロング・ジャパン」派という2つの流れがあったことはよく知られている。

ウィーク・ジャパン派は、共産主義と協力してでも日本の力を徹底的に弱めることが、アジアの平和につながると考えた。日本を戦争に引きずり込んだといえるF・ルーズベルト大統領を筆頭に、主に民主党や国務省に強い考えだ。これに対しストロング・ジャパン派は、日本を強くして米国とともに共産主義に対抗すべきだという考えで、共和党や国防総省に多いとされる。

戦後の対日政策ははじめ、ルーズベルト政権につながるニューディーラーと呼ばれるウィーク・ジャパン派が主流を占めるGHQ（連合国軍総司令部）により、徹底した日本人の骨抜きがはかられた。

それは、大東亜戦争はすべて日本が悪かったとする戦勝国史観を植え付け、厳しい検閲、日本弱体化のための新憲法押し付け、日本への報復といえる東京裁判、さらには歌舞伎やチャンバラ映画の一時禁止にまで及んだ。とりわけ、昭和20年12月、全国の新聞に強制的に掲載させた「太平洋戦争史」という歴史観の押しつけは、良識ある日本人を震撼させた。

その後、米国内のストロング・ジャパン派の巻き返しによって、弱体化は徐々に緩められていったが、時すでに遅しだった。日本人の多くはこうした骨抜き政策により、すっかり「自虐史観」に染まってしまった。戦後70年以上を経た今でも左翼思想、平和思想の底に流れ続けているのである。

つまり日本は、あの戦争で米国から武力によって敗れたばかりでなく、戦後の「歴史戦」や「思想戦」によって、2度目の敗北を喫したといってもいい。

本書は産経新聞に連載した「子供たちに伝えたい日本人の近現代史」のうち、戦後編に加筆した『子供たちに知らせなかった日本の「戦後」』（産経新聞出版、平成27年刊行）を文庫本化したものである。先の「日本の戦争」の姉妹版である。

その柱となっているのは、こうした米国による日本弱体化がどのように行われ、それが現代にいたるまで、日本人の歴史観にどのような影響を与えているのか、第2の敗戦を克明に描くことにあった。

むろんその後の日本は、米国による弱体化をはねのけ、2つの敗戦から力強く復活していったことも事実である。それが高度経済成長であり、国連復帰、東京五輪の開催、ノーベル賞の大量受賞などだ。その点は正確に評価しなければならない。

それでも今なお、あの日本人骨抜き政策は、多くの日本人の心の奥底に色濃く残っているのであり、その克服は「令和」の時代を生きる日本人にとって大きなテーマである。そのような観点で、文庫本化していただいた本書をお読みいただければ、幸いである。

令和元年5月

産経新聞客員論説委員　皿木喜久

はじめに

戦後70年を迎えた。とあって「戦後」をめぐる議論が盛んだが、中には首をかしげたくなる論も多い。たとえば「戦後レジーム（枠組み）」からの脱却として安倍晋三首相が意欲をもやす憲法改正に対する野党民主党の対応である。岡田克也代表や枝野幸男幹事長らは次のような理由から、その論議を始めることすら拒否している。

安倍首相は現憲法について「GHQ（連合国軍総司令部）の素人がたった8日間で作った代物だ」と発言した。現憲法をそれほど軽視している首相と改憲の話などできない、というのだ。枝野氏にいたっては安倍発言を「ガキの議論」とこき下ろしたという。だが民主党の大合唱にもかかわらず、現憲法がGHQつまり米国によって押しつけられたものであることは、まぎれもない事実だ。

本書でも詳しく触れているが、昭和21（1946）年2月1日、松本烝治国務相をトップとする政府の調査委員会が検討してきた新憲法の草案を毎日新聞がすっぱ抜いた。はじめ日本側に自主的な新憲法づくりを求めていたGHQのマッカーサー最高司令官はただちにこの草案を拒否する。「天皇の統治権」維持をはかるなど、きわめて抑制的な改正案で、「戦争放棄条項」の盛り込みなどマッカーサーの意図していた新憲法とは全く違ったからだ。

マッカーサーは2日後の2月3日、GHQのホイットニー民政局長に「戦争放棄条項」を含む全く別の草案づくりを命じた。翌4日には憲法の素人ばかりによるGHQの起草委員会が発足、10日にはできあがり、13日、ホイットニーらが日本側の吉田茂外相らに威圧的に示した。GHQとしては「日本人の自由な意思による憲法」としたいため、草案は帝国議会で審議されたが、修正は一部にとどまって可決され、22年5月3日施行された。

以上は江藤淳氏をはじめ多くの日本側学者が当時のGHQ関係者らから聞き取るなどした研究結果であり、「アメリカの素人が8日間で作った」憲法というのは今や「常識」と言っていい。にもかかわらず、その事実を述べた安倍首相発言を民主党が攻撃するのは、いまだに党の意見がバラバラなままの改憲論議を避けるためと受け取られても仕方がない。

それとも岡田氏や枝野氏は、そうした新憲法制定の事実をほんとうに知らなかったのだろうか。そうであるなら、「戦後体制」にとって都合の悪い歴史的事実から目をそむけてきた風潮が政界の指導者まで蝕んでいることになる。空恐ろしい話だが、実は戦後世代が目をそむけようとしてきたのは、憲法の押しつけだけではなかった。米国など戦勝国による歴史観の押しつけという重大な事実もそうだった。

これも本書で書いているが、終戦から4カ月足らずの昭和20（1945）年12月8日付の日本の新聞各紙は、紙不足の時代にかかわらず一斉に1〜2ページをつぶし「太平洋戦争史」という企画記事を掲載した。「聯合軍司令部提供」と明記してある通り、GHQや米国による先の大戦の「総括」をそのまま訳した記事だった。日本が昭和6年に起こした満州事変で第二次大戦が始まり、その後も華北などに次々と「侵略」していったのだと、日本を「断罪」する歴史観であり、その後も各紙はこれを連載する一方、NHKラジオでも「真相はか（こ）うだ」として放送された。戦勝国側はこれをもとに東京裁判で日本の軍人や政治家を戦犯として裁く一方、厳しい言論統制で日本人がこれ以外の歴史観を持つことを禁じた。

この結果、多くの日本人は「戦前の日本人は侵略者だった」という自虐的史観にそまり、中国や韓国に同調して首相の靖国神社参拝に反対したり、首相の戦後70年談話に「侵略」の文言を盛り込むよう求めたりと、戦後の押しつけ歴史観から抜け出せないでいる。

産経新聞は平成25年4月から27年3月まで「子供たちに伝えたい　日本人の近現代史」を連載、このうち戦前の主に戦争に関する項を26年7月『子供たちに伝えたい日本の戦争』として産経新聞出版より発行し、好評をいただいた。本書はGHQによる占領から東京裁判、新憲法制定、日米安保条約改定から日中国交回復までの戦後編に加筆・修正したもので、いわば『日本の戦争』の続編である。

戦後日本は、国の存立の危機の中から国民のたゆまぬ努力により奇跡的な復興を果たし、文化やスポーツを中心に国際社会に復帰する一方、米国との同盟関係の強化や適正な軍事力保持、国連加盟、旧ソ連、中国との国交回復などにより70年間にわたり平和を維持してきた。さらには奄美や沖縄の復帰などで「戦後」に一定の区切りをつけることができた。

だがその一方、先に述べたように、すでに現代国際社会には不都合な面も多い「押しつけ憲法」や、日本人の心を縛る「押しつけ歴史観」から脱却できないばかりか、中国、韓国からは不断に「歴史戦争」を仕掛けられつつある。日本が「敗戦国」のくびきから真に解き放たれるためには、そうした戦後の歴史的事実について真正面から向き合い、文字通り子供たち伝えていくしかない。

とかく近現代史の中から目をそむけ忘れ去られがちな事実を含めた戦後史に、少しでも関心を持ち、「本当はどうだったのか」と考え、見つめなおすきっかけになれば幸いである。

平成27年6月

産経新聞客員論説委員　**皿木喜久**

「令和」を生きる人に知ってほしい日本の「戦後」——目次

第2章

東京裁判と「米国製」憲法の呪縛は続いている

第3章

「日本弱体化」を止めたのは冷戦の深刻化だった

第4章 東西対立のはざまで国際舞台へ復帰果たした

第5章 針路定めた日米安保改定への無理解はいまも続く

第6章 高度成長の光と影は日本を大きく変えた

終章 「戦後」の清算なしに喫緊の課題は解消できない

「令和」を生きる人に知ってほしい　日本の「戦後」

写真提供　産経新聞社
　　　　　共同通信社
装　丁　伏見さつき
DTP　佐藤敦子

序章

お言葉から日本再建へ

1946年1月1日

人間宣言より「国民の誇り」

昭和21年の詔書に五箇条の御誓文

昭和20（1945）年9月2日、東京湾に浮かぶ米軍艦「ミズーリ号」上で、日本と米国など連合国との降伏文書調印式が行われた。日本側で調印したのは天皇と政府を代表する外相、重光葵《まもる》と軍を代表して陸軍参謀総長の梅津《うめづ》美治郎《よしじろう》である。

重光はサインにあたり「向こうのペンなど使えるか」と、自らの秘書官の万年筆を借りたという。「和平派」と目されていた重光だが、敗戦のくやしさだけは他の日本人に負けていなかった。

調印式をもって連合国による日本占領が始まった。指揮をとったのが3日前の8月30日、厚木飛行場に降り立った米軍のダグラス・マッカーサー元帥だった。マッカーサーは連合国軍最高司令官の地位につく。米政府からは「天皇および日本国政府の国家統治の権限は貴官に従属する」として絶大な権力を与えられていた（山極晃ほか編

ミズーリ号上で降伏文書にサインする重光葵外相（手前）。マッカーサー最高司令官ら連合国による占領政策が始まった＝昭和20年９月２日

『資料日本占領』）。

このため新設したＧＨＱ（連合国軍総司令部）を通じ、「民主化」の名のもとに、戦犯の追及や憲法改正など「骨抜き」ともいわれる日本の改造に乗り出していく。だがその最初の段階で難問となったのが昭和天皇の戦争責任の扱いだった。

天皇の戦争責任追及せず

降伏文書調印から1カ月近くがたった9月27日、昭和天皇は東京・赤坂の米国大使館を訪問、初めてマッカーサーとの会談に臨まれた。このとき、マッカーサーが天皇と並んで立ち、傲然《ごうぜん》と構えた写真が発表され、日本国民に衝撃を与える。米国が戦勝国としての威厳と日本への優越を見せつけ

初めての会見の際に撮影された昭和天皇とマッカーサー最高司令官＝昭和20年９月27日、東京・米国大使館

る意図的写真だった。

だが会談では、自ら戦争責任の一端を認められた天皇に対しマッカーサーはこれを追及しようとせず、逆に好意的態度をとった。この時点で戦争責任は問わないとの方針を決めていたとみられる。

その5日後の10月2日、マッカーサーの側近で最高司令官付軍事秘書として来日していたボナー・フェラーズ准将はマッカーサー宛て覚書を送っている。

この中でフェラーズは「天皇が戦争犯罪のかどにより裁判に付されるならば、統治機構は崩壊し、全国的反乱が避けられないであろう」としたうえで、それを抑えるには「何万人もの民事行政官とともに大規模な派遣軍を必要とする」と忠告した。

特攻など自らの死をいとわない日本人の戦いぶりをみて、天皇の戦争責任を問えば再びそうした戦いを招き、連合国もさらなる代償を払うことになる、と判断したのである。米本国で強かった天皇処罰論を説得するためのマッカーサーへの進言とみられるが、日本人の死にものぐるいの戦いぶりがそうさせたと言っていい。

だがマッカーサー司令部は、米国内の世論を抑えるため、さらなる要求を昭和天皇に行った。翌昭和21年元日の「新日本建設に関する詔書」である。

この中で昭和天皇は、天皇と国民との間の紐帯《ちゅうたい》は「信頼と敬愛」で結ばれているとし、「天皇を以て現御神《あきつみかみ》」とする「架空なる観念」に基づくものではないとされた。このため当時の新聞は詔書を「人間宣言」と書き立て、そう呼ばれるようになる。

神格否定は二の次、国民を励ますために

しかし昭和天皇はそれから30年余り後の昭和52年8月、記者会見で異なる見解を示された。

詔書の一番の目的は、冒頭に引用した明治維新の「五箇条の御誓文《ごせいもん》」を示すことで、神格否定は「二の問題」だった。「万機《ばんき》公論ニ決スヘシ」という御誓文でわかる通り民主主義は決して輸入したものではない。だから国民が誇りを忘れないために持ち出

したのであり、マッカーサーもそれを勧めたと述べられたのだ。

確かに詔書は国民が「結束ヲ全ウセバ、独リ我国ノミナラズ全人類ノ為ニ、輝カシキ前途ノ展開セラルルコトヲ疑ハズ」などとし、敗戦で打ちのめされた国民を励ます趣旨だったことがわかる。戦後の日本人はこのお言葉により、文字通り新しい国の建設に踏み出していったのだ。

▼五箇条の御誓文

王政復古の大号令から約4カ月後の1868年3月14日、明治天皇が公家、大名らを率い神前に誓う形で発布された維新政府の基本方針。旧福井藩士、由利公正が書いた原文を旧土佐藩士の福岡孝弟《ふくおかたかちか》や木戸孝允らが修正、完成したとされる。

福岡の修正案では第1条は「列侯会議ヲ興シ」と、大名等の会議による政治を目指していたが「広ク会議ヲ興シ」と改められた。しかし続けて「万機公論ニ決スヘシ」と議論の尊重を訴えていた。第2条でも「上下心ヲ一《いつ》ニシテ盛ニ経綸《けいりん》（治世）ヲ行ナフヘシ」とし、国民による政治への道を開いたといわれる。

第1章

「自虐史観」はGHQの占領政策から始まった

1945年12月8日〜

米国の歴史観押しつけ

言論自由化の裏で厳しい抑圧

昭和21（1946）年5月30日、東京・銀座の資生堂前に人だかりができた。NHKラジオ「街頭録音」の第1回収録である。道行く人にマイクを向け、その意見を聞く番組だった。この日のテーマは「あなたはどうして食べていますか」である。復員兵姿も目立つ聴衆たちは、司会の藤倉修一アナウンサーに、次々と食糧不足への不満などをぶつけた。

番組は前年秋に始まった「街頭にて」を改編したものだった。街頭自動車の中で市民にインタビューしていたのを、もっと多くの人の意見を聞けるよう、外でマイクを向けるように変えたのだ。

いずれも「日本の民主化」をはかるGHQの民間情報教育局（CIE）による指導、というより指示で始まった番組だった。

マイクの周りに黒山の人だかりができた街頭録音風景。「与えられた言論の自由」だった＝昭和22年12月、東京・銀座

藤倉アナが後に産経新聞『戦後史開封』の取材に対し語ったところによれば、戦前そうした機会がなかった日本人もわずか半年でマイクに慣れたようによくしゃべった。米国流「言論の自由」に酔っている感もあった。

だがその裏でＧＨＱは、全く逆の厳しい「言論抑圧」を日本の新聞、通信、放送に加えていた。

まず終戦から約１カ月後の20年９月14日、戦前からの通信社、同盟通信による短波放送が民間検閲支隊（ＣＣＤ）により禁止され、同社は業務停止となる。進駐軍の人事をスクープしたのと、米兵による日本人への暴行事件を報じたという理由だった。

戦勝国批判を徹底的に封じ込め

18日には朝日新聞東京本社が48時間の発行停止命令を受ける。15日付「新党結成の構想」というインタビューシリーズで、後の首相、鳩山一郎が「（米国は）原子爆弾の使用や無辜《むこ》の国民殺傷が…国際法違反、戦争犯罪であることを否むことは出来ぬであろう」と「正論」を語った。さらに17日付で連合国軍兵士の暴行を非難するような記事を書いたのが、戦勝国の逆鱗《げきりん》に触れたのだ。

そして19日にはGHQによりプレスコードと呼ばれる「新聞紙規定」が日本の報道機関に押しつけられる。「連合国に対して事実に反し、またはその利益に反する批判をしてはならない」など10項目で、戦勝国批判を徹底的に封じ込める内容だった。

これにより10月から日本の全出版物はGHQの事前検閲（23年7月からは一部を除き事後検閲）を受ける。それればかりでなく、先の大戦についての連合国側の主張を各報道機関に押しつけることになる。

20年12月8日、主要紙の1～2ページを潰《つぶ》して「太平洋戦争史」が掲載された。「聯合軍司令部提供」とあるようにCIEによる歴史観を強制的に掲載させたものである。見出しは違っても内容はほぼ同じで、その後も各紙が申し合わせたように10回前後、続編の連載を行っている。

いまに残る自虐史観の始まり

１回目を見ても、満州事変で第二次大戦が始まり、日本が華北などに「侵略」していったとするなど東京裁判で展開した戦勝国側の論理そのものだった。だが読まされた人の中には鵜《う》呑《の》みにする人も多く、現代に残る日本人の自虐史観の始まりだった。

一方でＧＨＱは９月29日、日本の政府に対し新聞や通信の自由確保を指示する。９月29日、昭和天皇とマッカーサー最高司令官とが並んで写る写真を掲載した新聞を旧新聞紙法により内務省が差し押さえた。それを言論の自由に反するとしたのだ。街頭録音はそうした「与えられた言論の自由」に基づくものだった。

この結果、報道機関は日本政府からは完全な自由を得る一方で、外国権力の管理下に置かれるのだが、この言論統制を克明に調べ上げた江藤淳氏は著書『閉された言語空間』でこう書く。

太平洋戦争史

連合国軍提供の「太平洋戦争史」を掲載する昭和20年12月８日付の朝日新聞。各新聞ともほぼ横並びで報じた

「日本の言論機関なかんずく新聞は、世界に類例を見ない一種国籍不明の媒体に変質させられたのである」

それから70年たった今でも他国の政府やマスコミと一緒になって、日本の政府や言論の攻撃にあたる「国籍不明の媒体」は健在なのである。

▼真相はか（こ）うだ

新聞の「太平洋戦争史」掲載とほぼ同じ昭和20年12月9日から毎週日曜日夜8時に放送されたNHKのラジオ番組。企画から脚本、演出まですべてCIEの手で行われ、満州事変以来の日本の軍部や政府の「実態」をあばくという内容で「太平洋戦争史」のラジオ版といえた。

ラジオの特徴を生かし南京攻略やフィリピン・バターン捕虜移送では効果音をふんだんに使い、事実をゆがめ日本軍の「蛮行」を強調しようとした。このため聴取者の中には自虐史観に染まる人も多かった半面「事実と違う」とNHKに抗議する者もいたという。

1945年10月〜

ニューディーラーの「日本改造」

財閥解体、農地改革で〝民主化〟

第二次大戦の戦前から戦後にかけ、米国に「ニューディーラー」といわれる政治家や軍人、政策スタッフらがいた。

1929年に始まった大恐慌に対処するためフランクリン・ルーズベルト政権が実施したいわゆるニューディール政策路線を受け継ぐ「改革派」のことである。特に社会改革や民主化に熱心で、米国社会では「容共」「左派」ともいわれ、保守派と対立することが多かった。

実は終戦直後、占領政策として日本の「大改造」を立案、実施したのも米本国やGHQ（連合国軍総司令部）内のニューディーラー系の人たちだった。民政局長のコートニー・ホイットニー准将や次長のチャールズ・ケーディス大佐らである。

彼らを束ねるGHQのマッカーサー最高司令官は超保守派で知られ、ニューディーラーには批判的だった。だが政治的野心に満ちていたマッカーサーは、日本占領政策を成功させるためホイットニーらを重用したとされる。

日本の敗戦から1カ月あまりたった昭和20（1945）年9月22日、米国政府は「降伏後における米国の初期対日方針」を発表する。「日本が再び米国や世界の平和・安全の脅威にならないこと」などを究極の目的に、自由と民主主義の奨励をうたっていた。

独占禁止法まで施行

マッカーサーはこれを受け10月4日、元首相の近衛文麿を呼び、憲法改正を「勧告」する。そして11日には東久邇宮稔彦王《ひがしくにのみやなるひこおう》に代わって首相となった幣原喜重郎《しではらきじゅうろう》に対し「五大改革」を指示した。

それは①婦人の解放②労働組合の助長③学校教育の自由主義化④民衆生活を脅威に陥れたごとき制度の廃止⑤日本経済機構の民主主義化――だった。いかにもニューディーラー的な改革案だが、これによって日本の大改造が始まる。その第一弾は財閥解体だった。五大改革の中の「経済機構の民主主義化」に基づくものだ。

戦前の日本の財閥とは「家族ないし同族の出資による特殊会社を頂点に持ち、子会社、孫会社をピラミッド型に持株支配する」ファミリー・コンツェルン（平凡社『世界大百科事典』）だった。特に三井、三菱、住友、安田は４大財閥といわれた。

幅広い業種を傘下においたこれらの財閥は明治から大正期の日本の経済発展に大きな役割を果たした。だが日本と戦った米国は「軍国主義と深く結びついた」ととらえ、占領後直ちに解体に乗り出したのだ。

戦後日本に権力をふるったGHQが入る第一生命相互ビル＝昭和26年、東京・日比谷

10月15日、米実業界出身のレイモンド・クレーマー・ＧＨＱ経済科学局長は「（財閥が得た）巨額な戦時利益を吐き出させる」と表明した。11月6日には日本の大蔵省案をＧＨＱが承認する形で具体的解体案が示される。

まず解体のための特殊な清算機関を設け、財閥本社が持つ証券をはじめ他企業への支配権などのすべてを移し、財閥本社の役員や財閥家族は退職するとした。

これに対し財閥側の対応は、自発的に解体に応じた安田、最後まで抵抗した岩崎小弥太の三菱などさまざまだった。しかし、クレーマーの執拗な解体要求に、すべて応じざるを得なかった。さらにGHQは財閥を復活させないための独占禁止法を施行させる。

財閥の復活と農地改革

だが、財閥解体が日本の経済復興にマイナスとなることは明らかだった。このため23年ごろからは米国内に「行き過ぎた占領政策」への批判が強まり、翌24年には独禁法は改正され、旧財閥は新たな企業グループとして「復活」していくことになる。一方でGHQは「民主的でない」地主制度を崩壊させるための農地改革にも介入していく。

当初は幣原内閣の松村謙三農相のもと日本政府主導で進められ、20年12月、「農地調整法改正法案」が議会で可決された。しかしこの改革は従来の小作地の約40％しか「解放」されず、マッカーサーの諮問機関である対日理事会で英国などから強い不満が表明された。このためＧＨＱは国が地主から農地を買い取り、小作農に売り渡す方式の改革案を「勧告」し、吉田茂内閣で実現させた。

これにより地主制度はなくなり、多くの農家が自らの農地を得てコメなどの生産意欲を高めた。だが日本の農業の対外競争力という問題は残ったままとなった。

▼6・3・3・4制

ＧＨＱは日本大改革のひとつとして学校教育にも手をつけた。昭和21年3月、米国の教育使節団が来日し、日本の教育現場を視察したあと、改革案として男女共学と6・3・3・4制の導入を勧告した。日本政府は教育刷新委員会で検討した結果これを受けいれ、22年4月からあわただしく新制度がスタートした。

5年制だった中等学校を中学校3年と高校3年に分け、小中9年を義務教育とした。一方それまでの旧制高校（3年）は廃止され、新制高校から4年制の新制大学、2年制の短期大学などに進むのが基本となった。旧制高校の廃止はその「バンカラ」をＧＨＱが嫌ったことも一因とされる。

1945年11月〜

日本人を恐れ「骨抜き」へ

歌舞伎や漢字が軍国主義育てた？

戦後間もない昭和20（1945）年11月、歌舞伎界に衝撃が走った。4日、本格的「復活」を目指し東京・築地の東京劇場で始まった「菅原伝授手習鑑《すがわらでんじゅてならいかがみ》・寺子屋の段」の公演が突然、中止となったのだ。

「寺子屋」は、松王丸が主君の忘れ形見の身代わりとして、自分の息子の首を打たせるという「忠誠」をうたった芝居である。「首実検」の場面になったとき米兵に伴われた日本の警察官が舞台に上がりストップをかけたという。

GHQの民間情報教育局（CIE）の命令だった。「寺子屋」の「封建的忠誠」は日本の民主化に反し「身代わり」は「小児虐待」を是認するというのである。

追い打ちをかけるようにCIEは歌舞伎を抱える松竹などに対し十三カ条の「覚書」を突きつける。「その主旨に仇討《あだ》ち、復讐のあるもの」「封建的忠誠を連想させるもの」「自殺を是認せるものを取り扱うもの」はダメだという。これでは「菅原伝授…」をはじめ「仮名手本忠臣蔵《かなでほん》」「義経千本桜」という最も人気のある三大時代物をはじめたいていの歌舞伎は上演できない。

ＣＩＥと掛け合ってみても「現代劇をやったらどうか」とか「向こう5年間は歌舞伎は上演しないでほしい」などといわれる。そうなると芸の伝承が命の歌舞伎は壊滅するしかない。

救世主バワーズ少佐

だがそこに救い主が現れる。ほかならぬＧＨＱでマッカーサー最高司令官の副官をしていたフォービオン・バワーズ少佐である。

戦前、音楽の勉強で蘭印（現インドネシア）に向かう途中、立ち寄った日本と歌舞伎に魅せられ、日本人顔負けの歌舞伎通になったバワーズは上演禁止に憤慨する。ＣＩＥの担当者に歌舞伎の真の良さを説明する一方、自ら軍人の地位を捨て演劇検閲官となる。

その尽力でわずか1年後に「義経千本桜」、さらにその半年後に「菅原伝授手習鑑」が復活、22年11月にはＧＨＱが最も嫌っていた「忠臣蔵」も上演できた。バワー

歌舞伎の危機を救ったフォービオン・バワーズ元少佐

ズは今でも「歌舞伎の恩人」といわれている。

バワーズは「進駐軍は仇討ちや忠義をこわがった。米国人を殺すかもしれないと。バカバカしい」と語っていたという。米国をはじめ連合国は日本人の戦いぶりに目を見張り、これを極端に恐れた。このため占領後「民主化」の名目のもと日本人を「骨抜き」にすることに全力を注いだ。「平和憲法」を押しつけたのも歌舞伎を追放しようとしたのもそのためだった。むしろ歌舞伎は武士道など日本の伝統的精神文化が形をとったものであり、歌舞伎のため日本が軍国主義化したというのは全くの誤解だった。

漢字を廃して日本語のローマ字化目論む

この日本人骨抜き政策はチャンバラ映画の禁止などにも及んだが、ひどかったのは「漢字」である。ＣＩＥの一部が「漢字が日本の民主化を阻んでいる」として、日本語をローマ字化しようとしたのだ。

「漢字は習得に時間がかかるから、日本の国民は無謀な軍部に反対できるほどの教育水準に達していない」という、それこそ無謀な論理からだった。日本の教育改革を目的に昭和21（１９４６）年３月、来日した米の教育使節団もローマ字の一般使用を勧告した。

日本人教師の中にもこれに迎合して先取り的にローマ字教育に取り組む動きもあった。だが教育研修所が23年８月、全国２万人余りを対象にした日本語の読み書き能力調査を行ったところ、過半数が90点満点の80点以上で、日本人は漢字の習得に苦労はしていないことがわかった。ＣＩＥ内部の日本人職員の強い抵抗もあり、ローマ字化を断念する。

むろん表意文字の漢字と表音文字の仮名の組み合わせで表してきた日本語を表音文字のローマ字に一本化するのは乱暴極まりないことである。もし実現していたらその後の日本人は『源氏物語』などの古典はもとより、優れた文学や歴史書などもローマ字訳以外は読めなくなり、伝統文化は一気に崩壊するところだった。

▼神道指令

戦勝国が誤解に基づき日本を弱体化しようとした最大のものが昭和20年12月

15日、GHQが日本政府に突きつけた「神道指令」である。国教分離指令ともいわれ、国家による神道、神社への財政援助などを禁じた。

その根底には神道が明治維新以降、国家のイデオロギーと結びつき国家神道として国民を縛り民主化を阻害、国家主義、軍国主義へ導いたという米国などの「認識」があった。だが国家神道という発想自体、日本人にはなじみが薄く、軍国主義を生んだという理屈には無理があった。神道指令は日本の独立回復とともに効力を失う。

1946年2月19日〜

御巡幸を列島は熱烈歓迎
嫉妬するＧＨＱ、一時中断の憂き目に

終戦から半年後の昭和21（１９４６）年2月19日、昭和天皇のお姿は神奈川県川崎市の昭和電工川崎工場にあった。全国御巡幸の最初の一歩である。

農業用肥料を作る同工場は戦争中、５００発の爆弾と1千発の焼夷《しょうい》弾に見舞われた。しかしこの時点で早くも日量6千トンの生産を再開していたという。

昭和天皇は前年秋、ＧＨＱのマッカーサー最高司令官と会談したさい「国民を慰め励ますため、全国を回りたい」と語られ、マッカーサーも賛意を示していた。

最初の御巡幸地が東京ではなく神奈川となったのは、東京では混乱が予想されたためといわれる。だが当時食糧不足が深刻だっただけに、肥料生産の現場を選ばれたのかもしれない。

工場では社長の説明を受けて生産過程を視察、その後入り口付近に整列していた社

員たちに声をおかけになった。

「何年勤めているのか」「生活は苦しくないのか」。初めて一般国民と言葉を交わされる口調にはいささかぎこちなさもあったが、心底生活を心配されるご様子に、声をかけられた国民が感激したのは言うまでもない。

その後、横浜市のバラック住宅街を訪問、翌20日は横須賀市の浦賀引揚援護局で、南方から復員してきたばかりの連隊の「報告」を受けられた。この年は東京や北関東、東海など9都県を回り、翌22年には関西や東北、北信越、中国など23府県へ足を延ばされる。

夏、東北に出発される前、同行する入江相政侍従（後に侍従長）が「米国人も見てますから」と背広の新調を勧めた。だが「国民は着るものにも不自由しているのだから」と意に介されなかったという。

教室で板の間にゴザを敷いて

地方でお泊まりになるのは列車内や知事公舎、県庁などで、学校の教室ということもあった。教室では板の間にゴザと布団を敷き、黒いカーテンをかけてお休みになった。

全国御巡幸を始め、熱烈に歓迎を受けられる昭和天皇。大阪中央授産所で子供たちを励まされる＝昭和22年6月5日、大阪市

農村などの生産現場だけでなく宇都宮市では母子寮、被爆地・広島では戦災児育成所なども訪問、戦争で残された妻や子供たちを励まされた。国民はどこでも熱烈に天皇を歓迎した。

だがこの御巡幸も22年12月を最後に長い中断に入る。ありていに言えば、昭和天皇の「人気」をＧＨＱの一部が恐れ、「嫉妬」の念を抱いたからだった。

20年9月の初会談以来、天皇のお人柄に魅せられていたマッカーサーとは反対に、ＧＨＱ内の民政局（ＧＳ）は天皇と国民との間が近くなるのを好ましく思っていなかった。ＧＨＱ内からも「容共」と批判を受ける体質があり天皇制廃止論者もいた。米本国に根強い天皇の戦争責任論や「退位」を求める世論の反映でもあった。

特に22年12月5日からの広島御巡幸では、被爆地の市民が天皇を恨んでいると「期待」していたのに、熱狂的に迎えられたことに恐怖を感じた。さらに中国地方からお召し列車で帰られる途中、兵庫県で沿線の住民や子供たちが日の丸を振って見送った。これに対して「指令違反」と態度を硬化させ、御巡幸打ち切りを決めた（鈴木正男『昭和天皇の御巡幸』）。

宮内府のトップ3人を一気に更迭

ただ露骨な中止は日本国民の反発を招くとして、GSは当時の芦田均内閣を動かし、御巡幸を仕切っている宮内府の長官、次長、侍従長というトップ3人を一度に更迭させた。このため中断せざるを得なかったのだ。

それでもまだ天皇を迎えていない地方からの再開を求める声は強く、GHQ内でGSの力が落ちたこともあって24年5月復活する。この年は九州各県を回られ、25年には四国など、26年には近畿、2年飛んで29年には北海道と46都道府県の巡幸を終えられる。

全行程3万3千キロ、総日数165日に及んだ。この御巡幸が敗戦にうち沈んだ国民をどれほど励まし「復興」の力になったかは計り知れない。

ただ復帰後の沖縄ご訪問がさまざまな事情やご自身の病気で実現できなかったことを、最後まで気にかけておられたという。

▼皇籍離脱

昭和天皇の御巡幸が始ってから1年8カ月後の昭和22年10月13日、皇室会議で天皇の弟の直宮である秩父宮、高松宮、三笠宮を除く11宮家51人が皇族を離れることが決まった。GHQが21年に発表した「皇族の財産上における特権の剥奪」指令で、皇室が宮家の経費をまかなうことができなくなったためだ。

形式上は宮家による自発的請願によるものとされ、各宮家はさまざまな職につき生計を立てることになった。だが皇籍離脱により男系男子の皇位継承者は先細りとなり、残った皇族の公務負担も大きくなった。このため離脱した旧皇族や子孫の復帰を求める声も強い。

1946年5月22日

「鳩山追放」から吉田政権へ

「親米」路線で食糧危機を救った

昭和21（1946）年4月10日に行われた戦後初の衆院総選挙は二重の意味で注目された。

前年12月、GHQによる婦人解放の指示を受け、婦人参政権が実現して初の総選挙だった。東京、大阪などの大都道府県が2選挙区、他の府県が全県1区という大選挙区制で行われた選挙には女性79人が立候補、39人が当選し、国政進出を強く印象づけた。

もう一つは政党政治復活のための選挙という意味合いだった。前年秋ごろから戦前の政党が復活したり、新たに誕生したりした。一方で政党に基盤を持たない幣原喜重郎内閣は行きづまって総辞職、この選挙で政権を担当する政党を選ぶことになったのだ。

思わぬ公職追放で組閣を断念した鳩山一郎。8年半後にようやく首相になる

実に３６３もの政党から２７００人以上が立候補した結果、第一党になったのは戦前の政友会の流れをくみ、鳩山一郎が率いる自由党だった。４６４議席中１４１議席（一部の再選挙分を含む）と過半数には遠く及ばなかったが、当然自由党を中心とした鳩山政権が発足するはずだった。

ところが組閣直前の5月4日、その鳩山が公職追放となり、新政権はご破算となる。公職追放はＧＨＱがこの年の1月4日、発表した「望ましからぬ人物の公職よりの罷免排除に関する覚書」で始まった。

該当者は戦争犯罪人をはじめ職業軍人、戦前、戦時中の大政翼賛会・翼賛政治会などの活動の有力者、軍国主義者や極端な国家主義者と幅広い。幣原内閣の5人の閣僚や総選挙立候補予定者の多くも該当し、最終的には2年半で約20万人が追放の憂き目にあう。

反民主・反米とみなし首相就任を阻止

政友会の実力者の一人だった鳩山は、戦争中は政界と距離をおき、軽井沢で隠遁《いんとん》に近い生活を送っており、該当しないとみられていた。それでも追放となったのは、戦前に文相として言論を「弾圧」したとか、ヒトラーを「礼賛」したためなどとされた。だが実際は、GHQ内部で「容共」と批判されるほど日本の「民主化」に熱心な民政局（GS）が鳩山を「反民主化」「反米」とみなし、首相就任を阻止するため追放したという見方も強い。

鳩山はやむを得ず、親米英派の外交官出身で、幣原内閣の外相だった吉田茂に自由党総裁就任を要請する。吉田は当初「内政のことはわからん」と断るが、最終的には「閣僚人事に鳩山が口出ししない」などの条件で受諾、5月22日ようやく自由、進歩両党連立による吉田内閣が発足する。

だが総選挙からでも約40日に及んだ政治の空白で日本の社会は危機的状況に陥っていた。特に食糧不足問題は深刻だった。

終戦の年の昭和20年は凶作に加え約600万人の復員・引き揚げ者による人口増で、米の欠配や遅配は日常茶飯事となり、人々は闇市や農村への買い出しでしのぐしかなかった。暮れには「一千万人餓死説」まで口に上った。

深刻な社会危機のなか発足した第1次吉田茂内閣。前列中央が外相を兼ねた吉田首相＝昭和21年5月

21年になっても状況は好転せず、共産党などの左翼勢力は食糧不安を政府や天皇への攻撃に向けるようあおる。組閣直前の5月19日、宮城（皇居）前広場で開かれた飯米獲得人民大会、いわゆる食糧メーデーには20万を超える人が集まった。あたかも共産主義革命前夜のような空気だった。

飢餓回避と引き換えに新憲法承認

そんな中でスタートした吉田政権を救ったのは連合国軍のマッカーサー最高司令官だった。

5月20日「暴民デモ許さず」の声明を発表、組閣直前には吉田を呼び「自分が最高司令官である限り日本国民は一人も餓死させないから、安心して組閣にあたってほしい」と告げたとされる。

吉田はさっそく農林省に計算させ、年間450万トンの穀物輸入を要請する。実際には大きく値切られたものの、70万トンが緊急輸入され、食糧危機はしだいに緩和されていく。

その一方で吉田政権は、事実上GHQによって作成された新憲法の議会での承認を余儀なくされていく。いわば日本人の飢餓回避と引き換えに米国製憲法を押しつけられたと見られなくもない。

▼その後の吉田政権

新憲法公布を受け昭和22年4月に行われた総選挙で、吉田茂の自由党は第二党に転落、社会党が第一党となった。このため吉田は退陣、社会党の片山哲を首班とする社会、民主、国民協同各党による連立内閣が発足した。

しかし片山内閣は社会党左派の「反乱」で23年2月に瓦解、後を受けた芦田均内閣も昭和電工疑獄事件などで7カ月で総辞職した。この間新たに民主自由党を結成していた吉田が23年10月、政権に復帰する。吉田は次第に「ワンマン」と言われる強権的姿勢を現し異例の長期政権につなげていくことになる。

1949年7月6日－8月17日

大量解雇の中で起きた3大事件

国鉄総裁の変死、列車は暴走と転覆

昭和24（１９４９）年７月６日未明、東京・五反野（現足立区西綾瀬）の国鉄常磐線の線路上で、日本国有鉄道（国鉄）総裁、下山定則《しもやまさだのり》の轢死体《れきしたい》が見つかった。国鉄発足とともに運輸次官から起用された初代総裁だ。前日の５日朝、出勤途上に日本橋の三越に入ったまま行方不明になっていた。「下山事件」である。

事件では、下山が生きたまま列車にひかれたのか、死後なのか、つまり自殺か他殺かをめぐり、警察内部でマスコミや検視の医師も巻き込む大論争となった。結局は警視庁が非公式の文書で自殺を示唆、捜査は幕引きとなった。

自殺説の根拠は、下山が国鉄の労使問題に悩み、直前まで不可解な行動をとっていたことなどだった。だが遺体が裸のままだったらしいことや油が付着していたことなどから、他の場所で殺され線路上に運ばれたとする他殺説も根強く、結論は出ていな

下山定則・国鉄総裁が轢死体で発見された。轢断機関車を運転し、状況を検証する捜査員ら＝昭和24年7月、東京・綾瀬駅付近

い。

9日後の15日午後9時20分過ぎ、国鉄中央線三鷹駅西側の車庫から無人電車が暴走、駅を壊し駅前の民家に突入、市民ら6人が死亡、20人以上がケガをした。ブレーキがはずされるなどしていた人為的事故で、捜査当局は日本共産党員の国鉄職員ら10人の共謀による犯行として起訴した。「三鷹事件」といわれる。

しかし翌25年8月の第1審判決は共謀を否定、非党員の元国鉄職員の単独犯行として無期懲役を言い渡した。当初「単独」あるいは「共同」での犯行を自供していた元職員は後に無罪を主張するが、第２審で死刑となり、30年最高裁で確定した。元職員は執行を待たず病死、遺族や支持者らはその後も無罪を訴えている。

「松川事件」は結局無罪が確定

さらに24年８月17日未明、現福島市の東北線金谷川―松川間で、上野行きの上り旅客列車の機関車と客車など３両が脱線転覆、機関士ら３人が死亡した。線路の継ぎ目板がはずされ枕木の犬くぎが大量に抜かれていた。捜査当局は19歳の元線路工手の自供に基づくとして国鉄の労組員と、近くにある東芝松川工場の労組員それぞれ10人を逮捕する。ほとんどは共産党員だった。「松川事件」である。

１審の福島地裁では死刑５人を含め全員が有罪、２審の仙台高裁でも17人が有罪となった。しかしその後、被告らのアリバイを証明する証拠が現れ、34年８月、最高裁で２審判決破棄、差し戻し審での無罪、検察側上告を経て38年９月、全員の無罪が確定、「真犯人」は不明のまま幕引きとなった。

国鉄に関わる「３大事件」といわれ、その背景には当時の厳しい労働状況が横たわっていた。

背景に9万5千人の首切り

当時日本に君臨していたＧＨＱ（連合国軍総司令部）は占領当初、日本の「民主化」の一端として労働運動を育てる方向だった。しかし東西冷戦の激化で米国が共産主義に敵対を強めるとともに、労働運動に浸透、衆院選でも議席を大幅に伸ばした共産党に警戒の目を向ける。

加えて24年2月来日したジョセフ・ドッジが米政府の意向として吉田茂内閣に対し、ドッジラインといわれる厳しいインフレ抑制策を突きつけた。これを受けて吉田内閣はこの月「行政機構刷新及人員整理に関する件」を決め、5月には国会で「定員法」を成立させる。要するに公務員の馘首《かくしゅ》（首切り）だった。

この方針は民間にも及び、東芝でも４５８０人が整理の対象となった。公共企業体として6月に発足したばかりの国鉄は、7月までに60万人体制から約9万5千人の整理を行うことを発表した。

当然労組側は猛反発、特に共産党系は過激な抗議行動を行った。こうしたことから、政府や捜査当局は三鷹事件や松川事件を共産党系の犯行とみたのだ。

逆に共産党の力を抑え、馘首を順調に進めるため米国が関与したという臆測もある。

下山、松川両事件について『日本の黒い霧』に推論を発表した松本清張氏は、下山は馘首に抵抗したために殺されたとの説をにおわせている。

いずれにせよ3大事件が終戦直後の日本社会を震撼《しんかん》させたことは間違いない。

▼GHQの「内戦」

日本占領から最初の2〜3年、主導権を握ったのがホイットニー局長が率いる民政局（GS）で、新憲法の押しつけをはじめ労働運動の自由化や財閥解体など、日本の「民主化」「弱体化」を進め、マッカーサー最高司令官もその意見を受け入れることが多かった。

しかしウィロビー少将率いる参謀2部（G2）は治安、情報を担当する立場からGSを「容共的」と攻撃、マッカーサー宛て文書を出すなど内紛が激しくなった。国際情勢の変化で米国が共産主義への反発を強めたこともあり、次第にG2が優勢になり労働運動への圧力強化につながった。

第2章

東京裁判と「米国製」憲法の呪縛は続いている

1945年9月〜

戦勝国の報復だった裁判

「戦犯」認定は矛盾と疑問だらけ

終戦から1カ月後の昭和20（1945）年9月15日、対米英戦開戦時の東条英機内閣商工相で、後に首相となる岸信介は療養中の故郷、山口県の田布施から憲兵らに連行され東京へ向かった。横浜の刑務所や大森の元陸軍捕虜収容所などを経て12月8日、巣鴨拘置所に収容される。

9月11日、GHQ（連合国軍総司令部）により、岸ら39人に戦争犯罪人として逮捕令状が発令されたからだ。いわゆる「A級戦犯」の第1次逮捕で、東条をはじめ岸や東郷茂徳元外相ら開戦時の閣僚が中心だった。

このうち東条は11日の逮捕直前にピストルで自殺をはかるが一命をとりとめた。また東条内閣の厚相、小泉親彦や文相、橋田邦彦も自決した。

この後、逮捕は翌21年4月まで数次にわたって続き、計100人余りの軍人、政治

極東国際軍事裁判（東京裁判）でウエッブ裁判長の判決文朗読を聞く東条英機元首相（前列左）。共同謀議の「主犯」とされた＝昭和23年11月10日、東京・市谷旧陸軍省

家らが容疑者となった。そして昭和天皇の誕生日の4月29日、28人がA級戦犯として起訴され、5月3日には東京・市谷の旧陸軍省大講堂で極東国際軍事裁判、いわゆる東京裁判が始まった。

だが岸は起訴を免れる。同じ東条内閣の閣僚で文官の東郷や蔵相だった賀屋興宣、内閣書記官長、星野直樹らは起訴されただけに、覚悟していた岸自身も意外に思ったらしい。

ＧＨＱが「主犯」と見なしていた東条とサイパン陥落後に衝突、和平を主張したことなどが考えられたが、正確な理由は明らかにならなかった。そうでなくとも「戦犯」認定には納得しにくいケースも多く、東京裁判の持つ大きな「矛盾点」といえた。

明らかな事後法「平和に対する罪」

A級戦犯の「罪名」は「平和に対する罪」だったが、これは明らかに、戦争後に勝者が敗者を裁くために作られた事後法だった。東条を中心とした日本の一部が「共同謀議」のうえ、侵略を犯した罪とされたのだ。むろん戦前の国際法にはなかった。どうみても「無理筋」だった。戦勝国が当初に描いた通りの「犯罪」に仕立てようとしたため、論拠もなく恣《し》意的に逮捕や起訴・不起訴を決め、あちこちに矛盾や混乱が生じたのである。

その背景には、戦犯の裁判そのものに、米国による日本に対する復讐《ふくしゅう》という面が色濃かったことがあった。そのことを示しているのが東京裁判以前に行われた山下奉文陸軍大将、本間雅晴同中将への「判決」だった。

第二十五軍を率いてマレー半島からシンガポールを陥落させた山下は19年9月、フィリピンの第十四方面軍司令官としてマニラに赴任した。翌20年2月のマニラ市街戦で、日本軍が行ったとされる市民虐殺の責任者として戦後、マニラ軍事法廷に立たされる。

裁判では山下の責任どころか、虐殺の事実も立証されなかった。だが連合国軍最高司令官、ダグラス・マッカーサーの部下の軍人からなる裁判官は12月7日、一方的に死刑を宣告、21年2月執行された。シンガポール陥落のさい敵将に「イエスかノーか」と降伏を迫り連合国側の恨みを買ったうえ、フィリピンでマッカーサーと戦った山下への報復といえた。

虐殺も責任も立証せぬまま死刑

本間の場合はもっとはっきりしている。17年4月のフィリピン・バターン半島攻略戦に勝利した日本の第十四軍は米・比軍の捕虜を徒歩で北方へ移動させた。しかしその数が7万6千と想定外の多さで食料を十分にまかなえず、マラリアにかかっている者の治療もできなかった。このため何千人もが死亡したとされる。

米軍はこれを「死の行進」と非難、当時の軍司令官だった本間を責任者としてやはり軍事法廷にかけた。そしてこちらも責任を立証できないまま21年2月、銃殺刑の判決が下った。本間によってフィリピンからオーストラリアへの脱出を余儀なくされ、軍歴に傷がついたマッカーサーの「意趣返し」と言われても仕方なかった。

東京裁判も日本側の異議申し立てをすべて却下、報復的な判決に向かって突き進むことになる。

▼BC級戦犯

連合国は日本人の戦犯をA、B、Cの3クラスに分けた。A級は「平和に対する罪」とされ東京裁判で裁かれた。B級は「通常の戦争法規違反」、C級は捕虜虐待など「人道に対する罪」であり各国がそれぞれ裁判を行い処刑した。いずれも戦勝国側が一方的に決めた「罪」の区分だった。

A級よりもB、C級の方がはるかに多かったが、その記録を公表したのは米国（死刑141人）だけで不明な部分は多い。岩川隆氏の『孤島の土となるとも―BC級戦犯裁判』などによると、少なくとも6カ国で971人が死刑判決を受けたといわれる。

1945年11月〜

突然出てきた「南京大虐殺」の怪

大空襲や原爆への非難と相殺するためか

前述のように極東国際軍事裁判（東京裁判）で28人が「A級戦犯」として起訴されたのは、昭和21（1946）年の4月29日だった。国際検事局による起訴状はその罪を「平和に対する罪」など3類に分け、計55の訴因を示していた。その中で日本の国民が「オヤッ?」と首をかしげたことのひとつが「訴因第45」だった。

元中支那方面軍司令官の松井石根陸軍大将ら12人は共謀のうえ南京を攻撃し「国際法に反してその住民の鏖殺《おうさつ》（＝皆殺し）を日本軍に命じかつ許すことにより、目下氏名、員数不明の数万の中華民国の一般人及び武装を解除せられたる兵員を殺害、殺戮《さつりく》した」というのである。

言うまでもなく日中戦争（当時の日本での呼称は支那事変）最中の12年12月の南京攻略時のことである。むろん中支那方面軍による攻略戦自体は誰でも知っていた。だがそこで一般市民ら数万人を殺害したなど、ほとんどの人には初耳だったからだ。

もっとも戦勝国側がこの「南京大虐殺」を言い出したのはこのときが初めてではない。4カ月余り前の20年12月8日、ＧＨＱが日本の各新聞に強制的に掲載させた『太平洋戦争史』でも「南京に於ける悪魔行為」として「2万人からの男女、子供達が殺戮された」としている。

その前月、20年11月には中国国民政府の南京地方法院検察処により「大虐殺」について調べる「敵人罪行調査委員会」が発足する。その報告をもとに元第六師団長だった谷寿夫陸軍中将を「被告代表」として国民政府国防部戦犯軍事法廷、いわゆる「南京裁判」にかけた。第六師団は南京攻略に加わった部隊である。

教科書にまで「30万人」説が

東京、南京の両裁判では「大虐殺」を証明すべく多くの証拠が提出され、当時南京にいた外国人を中心に証言がなされた。しかし証明がいかに困難であったかは「虐殺」された人の数ひとつとっても南京の判決書が「30万人以上」としているのに対し、東京のそれは「10万人以上」と大きな差があることでもわかる。

起訴時点でも南京攻略から8年以上がたっており、その間の大戦により、証言すべ

中国・南京市の「南京大虐殺記念館」。正面広場の石碑には「遭難者300000」の文字が11の言語で刻まれていた

き人々の記憶も薄れ、証明する文書等もほとんど残っていなかったからだ。仮にある程度の「犯罪」が証明されても、それを指揮官の「命令」や「許諾」のせいにすることは至難のわざだった。

だが裁判は総体として「虐殺」の存在を認め、南京法廷は22年3月、谷を死刑とし、東京法廷は23年11月、松井に他の7人とともに死刑を言い渡した。

この「南京大虐殺」説はその後、日本や中国の一部の歴史学者らによって引き継がれ、中学や高校の教科書にまで「30万人」説が載るほどだった。しかし近年になり疑義を挟む内外の学者、ジャーナリストが急増してきた。「軍服を脱ぎ、民間人にまぎれた中国の便衣兵を掃討したことはあっても、一般市民を虐殺した例はゼロに近い」といった説もある。

新たな証言の発掘もあるが、それは「大虐殺」説への疑問から出たものだ。特に南京や東京の裁判が依拠したと見られる英紙の南京特派員、ハロルド・ティンパリーの著書『戦争とは何か』についてである。南京攻略の翌年、ロンドンで刊行され、日本軍の「蛮行」をいち早く世界に知らしめたとされる。

なぜ執拗に「大虐殺」を証明しようとしたのか

だが、最近の産経新聞の取材でもティンパリーが中国国民党中央宣伝部の下部組織の英国支部の責任者をつとめており、著書自体、反日宣伝のため書かれたことが濃厚になっている。「蛮行」を証言した他の多くの欧米人も国民党政府とのつながりが指摘されているのである。

なぜ米国中心の東京裁判が執拗に南京での「大虐殺」を証明しようとしたかについては、東京大空襲や原爆投下への非難を免れるためとの説がある。

昭和20年3月の東京大空襲だけで10万人以上、8月6日の広島への原爆投下でもそれ以上の一般市民を無差別殺戮した。本来なら国際社会から強い批判を受ける。そこで中国が持ち出してきた「南京大虐殺」に飛びつき「相殺」をはかったというのだ。

この東京裁判の関連で米国人検事に尋問を受けた元陸軍中将、石原莞爾《かんじ》が「戦犯として検挙すべきは（無差別殺戮を許した）トルーマン（米大統領）だ」と喝破したというのも、そのことへの強烈な抗議だった。

▼百人斬り

南京裁判では谷寿夫師団長らのほかに野田毅、向井敏明の両元陸軍少尉が死刑となった。南京陥落戦のさい中国人を１００人以上斬殺する競争をしたという罪だった。当時の東京日日新聞（現毎日新聞）で報じられたものだが、国民の「戦意高揚」のための作り話であったことは明らかで、両少尉はもとより関係者も事実関係を否定していた。

しかし書いた記者本人が認めなかったことから、２人は戦後、中国に連行され東京日日新聞の記事を唯一の証拠として死刑判決を下された。遺族側はその後、裁判などで名誉を回復しようとしたが、いまだ果たせていない。

1947年5月1日－2日

無理通した判決に批判集中

満州事変以来、謀議を重ねた？

昭和22（1947）年5月1日と2日、日本海に面した山形県酒田市の商工会議所で、極東国際軍事裁判（東京裁判）の臨時法廷が開かれた。昭和6年に起きた満州事変に関し当時の関東軍作戦主任参謀で、酒田の北20キロの農場で病気療養中の元陸軍中将、石原莞爾《かんじ》を尋問するためだった。ニュージーランド人のノースクロフト判事をはじめ検事、弁護人、通訳、内外の新聞記者ら100人近くが東京から夜行列車で乗り込んできた。

米国など連合国、つまり戦勝国は裁判で日本が満州事変前後から「共同謀議」を重ね、他国を侵略し「平和に対する罪」を犯したという構図を描こうとしていた。そのため「起点」とした満州事変について石原の証言を得ようと、異例の出張尋問となったのだ。

だが信奉者の青年が引くリヤカーに乗って現れた石原は、冒頭発言で裁判官らの意表を突く。

「満州事変の中心はすべて自分である。自分を戦犯として連行しないのは腑《ふ》に落ちない」

裁判では満州事変当時、石原の上司で関東軍高級参謀だった板垣征四郎元陸相らが起訴されていた。だが事実上関東軍を指揮、満州（中国東北部）の張学良軍と戦った石原は逮捕も起訴もされなかった。

戦勝国側が共同謀議の「首謀者」と見ていた元首相、東条英機と犬猿の仲で、支那事変（日中戦

酒田臨時法廷に出廷した石原莞爾元陸軍中将。がんを患っていたが、検察側の尋問を完璧に論破した＝昭和22年5月、山形県酒田市

争）拡大に反対したためなどといわれる。いずれにせよ、これも東京裁判の矛盾点のひとつで、痛いところを突いたといえる。

石原は、事変当時の満州の情勢について「一触即発、あたかも噴火山上にあるままに放置されていた」と、極めて不安定な状態にあったと証言した。この地の軍閥を率いる張学良が中国国民党の軍門に下り、平穏裏に中国の支配下にあった満州を日本が武力で侵犯した、としたい米国人ダニガン検事の尋問を論破したのだ。

「一貫した侵略戦争」というフィクション

さらに起訴されている板垣や奉天特務機関長だった土肥原《どいはら》賢二らが、軍中央の指示で動いていたとしようとするダニガンの誘導尋問にも乗らなかった。

戦勝国側が満州事変を共同謀議の起点にしようとしたのは、昭和16年12月からの日本の対米英戦争はハル・ノートなどで追い詰められた結果であることを、自らもわかっていたからだとされる。そうではなく、満州事変以来の一貫した侵略戦争としたかったのだ。

だが塘沽《タンクー》停戦協定による満州事変の決着から12年の日中戦争勃発までは4年以上がたっている。しかも日中戦争の拡大には中国側の責任や偶発的な面も強く、当時の軍人たちが明確に侵略的な思想を持っていたとも思えない。「共同謀議」による一連の「犯罪」というのはフィクションに過ぎた。

原爆落とした米に裁く資格あるのか

それでも裁判は日本側の抗議やあらゆる証拠を抹殺、昭和23年11月12日、A級戦犯として起訴した25人全員を有罪、うち東条、板垣、土肥原ら７人を絞首刑とし、12月23日執行した。その中には唯一の文官である元首相、広田弘毅も含まれていた。

判決には日本人以外からも強い批判があった。特に裁判で判事をつとめたインドの国際法学者、ラダビノード・パールは全員の無罪を主張した。その上で長大な意見書を書き、戦争後につくった事後法で裁いたことや共同謀議の成立を批判、日本に原爆を落とした米国が「人道上の罪」を裁く資格にまで疑問を投げかけた。

判事として東京裁判を徹底的に批判したインドのパール博士

裁判を主導した連合国軍最高司令官、マッカーサー自身ですら後に、米上院の軍事外交合同委員会で証言、日本の戦争目的を「主として自衛のためであった」と述べ裁判を貫いた日本の侵略戦争説を事実上撤回している。

にもかかわらず、それから70年近くたった現在、靖国神社にA級戦犯が合祀《ごうし》されていることを理由に、中国や韓国などに同調し首相の靖国参拝に反対する日本人が依然多い。戦勝国から押しつけられた「東京裁判史観」の呪縛から抜け出せないでいるのである。

▼東京裁判の構成

勝者が敗者を裁いた東京裁判では、検察官はもとより11人の判事もすべて戦勝国の連合国から選ばれた。弁護団は日本と連合国双方で構成された。

このため弁護側が提出した証拠資料は32%が検察側の主張や裁判官の判断で却下された。却下された資料は当時の日本政府、軍部等の公的声明をはじめ、共産主義の脅威や中国共産党に関するもの、満州事変以前の満州人の自発的民族運動に関するものが含まれ、連合国側の違法行為を示す証拠資料も大半却下された。逆に検察側証拠の却下は3％だった（産経新聞社『教科書が教えない歴史』）。

1945年−46年

自発的改憲求めるマ司令官

「国際法に違反」との批判を恐れる

近衛文麿もまた、戦勝国による恣意《しい》的であいまいな「戦犯」認定に翻弄された一人だった。

戦前3次にわたって組閣、支那事変（日中戦争）発生後「国民政府を対手（相手）とせず」の声明で事態を泥沼化させた。いわゆる「南進」政策を決めたときの首相でもあった。

だが昭和20（1945）年9月11日、逮捕状発令が始まった「戦犯」の中には含まれなかった。それどころか、東久邇宮稔彦王内閣の国務相だった10月4日には連合国軍最高司令官、ダグラス・マッカーサー元帥から憲法改正を「勧告」される。GHQに近衛を呼んだマッカーサーはこう語ったとされる。

「世界ノ事情ニモ通ジテ居ラレル。…若《も》シ公ガ其ノ廻リニ自由主義的分子ヲ糾合《きゅうごう》シテ憲法改正ニ関スル提案ヲ天下ニ公表セラルルナラバ議会モ之ニ蹤イテ来ルコトト思フ」」(江藤淳『一九四六年憲法―その拘束』)。「公」とは公爵・近衛のことである。「あなたが憲法改正を提案すれば、議会もついてくる」というのだ。ここまで言われた近衛は「マッカーサーは新しい日本の舵取りを自分に任せるつもりだ」と心を躍らせたに違いない。

翌5日の内閣総辞職で国務相は辞めたものの、昭和天皇の命で内大臣府御用掛という職に就き、元京大教授の憲法学者、佐々木惣一を招き新憲法の草案づくりに着手した。

ところがその草案づくりは1カ月もたたない11月1日に出されたGHQの声明で暗転する。「東久邇宮内閣が総辞職したため、近衛公は憲法改正作業と何の関係もない」というものだった。

近衛から幣原に乗り換えた

これは『一九四六年憲法』が書くとおり「真赤な嘘」だった。なぜなら内閣総辞職後も、近衛がこの件でGHQ政治顧問、アチソンらと接触することをマッカーサーが認めていたからだ。

改憲への姿勢が慎重に見えたマッカーサー最高司令官と改憲を求められた幣原喜重郎首相

実はマッカーサーは10月11日、新たな内閣を組織した幣原喜重郎に対しても「日本国民が数世紀にわたり隷属させられた伝統的社会秩序は是正されなければならない。それには憲法の自由主義化も含まれる」との「意見」を伝えている。つまり体よく近衛から幣原に乗り換えたのだ。

この時期、米国内に近衛を戦犯として処すべきだとの世論が高まり、それを気にしたマッカーサーが切り捨てたものとみられている。事実、12月6日には近衛への逮捕状が発令され、近衛は出頭前日の12月16日夜、服毒自殺した。憤死といってよかった。

それにしてもマッカーサーの改憲への姿勢は、他の「日本改造」に比べ慎重に見える。それはGHQの手で日本の憲法を変えることは、ハーグ陸戦法規という国際法に違反するという批判が当時からあったからである。

1907年改正された陸戦法規の第43条は、戦争後の占領者は絶対的支障がない限り占領地の現行法律を尊重しなければならないとし、敗戦国の体制変更に否定的だ。これを知っていたマッカーサーは「指示」の印象を薄め、日本の政界に影響力のある近衛や幣原を選んで「自発的」に改正させようとしたのだ。

根強かった新憲法反対論

とはいえ、日本側はこれを「指示」と受け止めた。元々憲法改正に否定的だった幣原首相は10月13日、法学者で弁護士出身の松本烝治国務相を委員長とする調査委員会を発足させた。

委員会では、顧問として迎えた憲法学者で戦前「天皇機関説」で論議を招いた美濃部達吉が「現憲法下でも法令の改正及びその運用により、民主主義化を実現することは十分可能だ」と述べるなど、改正反対論も強かった。

このため当初は改正が必要かどうかなどを「調査」するにとどまっていたが、GHQ側からの督促もあり改正案の作成を急ぐ。

しかし翌21年になって、その草案が連合国の意向にそぐわないものであることが明らかになると、マッカーサー司令部は一転して、日本側に対し「牙」をむくことになる。

▼幣原喜重郎内閣

鈴木貫太郎内閣の後を受け昭和20年８月17日発足した東久邇宮稔彦王内閣は政治犯の即時釈放、思想警察の廃止などを強く求めるＧＨＱの圧力に屈し10月５日、総辞職に追い込まれた。

こうした事情から木戸幸一内大臣らは後任の首相に元外相で親英米派として知られた幣原を推すことを決めた。幣原は政界の第一線を退いて十数年がたっていたが、木戸らとしてはＧＨＱの要求をさばきながら国体を守ることを期待したのだ。しかしＧＨＱ側は幣原の保守的な面も見抜いており組閣後、憲法改正をはじめ矢継ぎ早に「改革」を求めてくる。

米国の「素人」が作った憲法

「脅し」で受け入れを迫った

昭和21（1946）年2月1日、毎日新聞が一大スクープを放った。前年暮れから松本烝治《じょうじ》国務相を委員長とする政府の委員会が検討してきた新憲法草案をすっぱ抜いたのである。

それによると新憲法は、①天皇の統治権総攬《そうらん》（一手に握る）の維持、②人権、自由の保障の拡大――など松本が先に示した「4原則」に基づいた「抑制的」な改正案となっていた。むろん「戦争放棄条項」など含まれていない。

あわてた政府は、楢橋渡内閣書記官長が「委員会案とは異なる」と否定する声明を出す。だがGHQの反応は早かった。2日後の3日、マッカーサー最高司令官が民政局長のコートニー・ホイットニー准将に「日本政府を指導するため」3点を含む憲法草案の起草を命じた。

３点とはおおよそ①天皇は国家元首の地位にあり皇位は世襲される、②日本は紛争解決の手段としての戦争だけでなく、自国の安全を維持する手段としての戦争をも放棄する、③日本の封建制度は廃止される——で後にマッカーサー・ノートといわれる。

つまり「戦争放棄」を盛り込もうとしない日本政府の作業に見切りをつけ、自ら作った憲法を押しつけようと決断したのだ。

1週間で草案を作成

GHQによる憲法草案をづくりを進めたホイットニー民政局長

ホイットニー局長は翌4日、次長のチャールス・ケーディス大佐ら民政局員25人による起草委員会をつくり、1週間で草案を作成する方針を打ち出した。25人の中に弁護士資格を持つ者が4人いたが、憲法の専門家はゼロで、日本の伝統と政治体制についての知識のある者は3人だけだった。大半は軍人、軍属、それに秘書やタイピストという素人《しろうと》集団である。

それでも2月10日には草案ができあが

新憲法公布を記念して皇居前広場で開かれた祝賀会。多くの国民が集まったが、公布までの経緯はほとんど知らされていなかった＝昭和21年11月3日

り、マッカーサーの承認を得た上で13日、ホイットニーらが麻布市兵衛町にあった外相官邸に日本側の吉田茂外相や松本らを訪ねた。

ホイットニーは日本の松本委員会案は受け入れられないとした上でGHQ草案を示す。マッカーサー・ノートの中の「自国の安全を維持する手段としての戦争をも放棄する」はさすがに削除されていたが、戦争放棄条項は明記されていた。一見した吉田らは暗く厳しい表情になったという。

ホイットニーに同行したケーディスら米側幕僚が残した記録文書によれば、吉田らが米国案を検討している間、庭に出たホイットニーは吉田の側近だった白洲次郎にこう語った。

「われわれは戸外に出て、原子力エネルギーの暖を取っているところです」

この文書を独自に訳した江藤淳氏は、『一九四六年憲法―その拘束』の中で「米側に三発目の原爆攻撃を行い得る能力があることを誇示して、心理的圧力をかけようとしたことはあまりにも明らかだ」と述べている。さらに吉田らに対し「これを受け入れるなら天皇も安泰になる」とも迫った。

「戦争放棄」は日本への懲罰

こうした露骨ともいえる「脅し」により幣原喜重郎内閣は3月6日、GHQ草案を日本政府独自の「憲法改正草案要綱」として発表せざるを得なかった。そして帝国議会での議決を経て11月3日、日本国憲法として公布、翌22年5月3日施行される。

マッカーサーは後に自らの『回想』で「戦争放棄条項は自分ではなく幣原の提案だった」旨のことを書いている。だが江藤氏は「そうであれば、吉田らがGHQ案にショックを受けたはずがない」などの理由で、これを真っ向否定する。占領者は占領地の現行法律を尊重することを求めたハーグ陸戦法規違反と言われるのを恐れたための「言い訳」だろう。

事実は明らかに「押しつけ」であり、特に「戦争放棄」は日本への「懲罰」の意味が強かった。それだけにこの憲法は、日本が独立を回復するまでのものとの認識は日米双方にあったはずだ。

だがその後70年近く、日本の為政者は何度もあった憲法改正の機会を逃し続けてきた。制定のいきさつを直視するなら、それは決して許されることではない。

▼憲法の議会での審議　憲法草案の審議は建前上オープンに行われ、マッカーサーも「日本国民の自由な意思で採択されるべきだ」との声明を出した。しかし実際に審議にあたる衆院の憲法改正小委員会（芦田均委員長）は秘密会とされ、速記録も非公開となった。しかも審議内容は逐一GHQ側に報告された。つまり国民には事実上非公開で、米側の監視のもとに審議された。

このため修正の自由はほとんどなく、戦争放棄の第9条第2項に「前項の目的を達成するため」を加筆、戦力保持に含みを持たせた「芦田修正」などごくわずかにとどまった。

第3章

「日本弱体化」を止めたのは冷戦の深刻化だった

難業だった引き揚げ支援

ソ連は「革命の先兵役」を期待？

平成25年4月に亡くなった歌手、田端義夫さんの代表曲に『かえり船』がある。「波の背の背に　揺られて揺れて……」。戦後、外地から引き揚げてくる日本人の望郷の念を切々と歌いあげた名曲だ。

昭和20（1945）年8月、日本が降伏した時点で、東南アジアや中国大陸など海外には約660万人の日本人が在留していた。うち350万人余りが軍人・軍属で残りが民間人だった。無事日本に帰還させることは、敗戦国日本の責務だった。

とはいえ東南アジア各国では、日本と欧米列強が戦った結果として独立戦争が起きていた。中国や旧満州国も国民党軍と共産党軍、一部では米軍も加わって戦闘が起き混乱していた。敗戦直後の日本政府に「かえり船」を手配する能力もなく、当初は難航した。

舞鶴港に着き、故国の土を踏んだ引揚者たち＝昭和25年

それでも9月25日、「高砂丸」が中部太平洋のメレヨン島から1600人余りの復員兵を乗せて大分県別府港に着いたのをはじめ、米軍船の貸与もあり、同年末ごろから軌道に乗る。

翌21年までには8割近い約510万人が帰国を果たした。中国の約150万人を筆頭に満州（現中国東北部）、朝鮮半島、東南アジアなどからだった。

最後まで困難を極めたのがソ連での抑留者である。

57万人余りを捕虜収容所に連行

日本が降伏にあたって受諾したポツダム宣言は第9項で日本国軍隊は武装解除の後「各自の家庭に復帰し平和的かつ生産的生

ベンチから試合を見つめる巨人・水原茂（円裕）監督。シベリアから引き揚げた翌年、監督に就任した＝昭和30年10月7日、横浜平和球場

活を営む」機会を与えられることを約束していた。

だが終戦直前、満州に攻め込んだソ連はこれを踏みにじる。関東軍の軍人をはじめ満州国官吏、民間会社の幹部職員ら日本政府推定で57万人余りをソ連国内の捕虜収容所などに連行、土木作業や鉄道建設、採炭に従事させた。

大部分が抑留されたのは東部シベリアで、うち約5万人が第2シベリア鉄道建設事業に当たった。酷寒の地で衛生状態も悪く、多くの死者を出したとされる。

ソ連は戦争中の経済の落ちこみから立ち直るため日本人の労働者を必要としたとみられる。しかし他の戦勝国の批判も受け、順次抑留を解き、昭和22年から25年にかけ多数の日本人が次々と京都府の舞鶴港に帰還してきた。

24年7月には戦前、プロ野球巨人軍の名三塁手だった水原茂が「英彦丸」で帰還、後楽園球場に現れ大きな話題となった。

しかし現地で有罪判決を受けるなどした2千人を超える「長期抑留者」の帰国は遅れる。日ソ国交回復により最後の引き揚げ者が舞鶴に入港したのは31年12月のことだった。

問題は抑留の長期化だけではなかった。抑留者の多くは軍人だったが、ソ連当局は「民主化」の名の下に彼らの「階級」を奪うとともに共産主義を吹き込んだ。当時独裁を敷いていたスターリン首相への崇拝を強要した。今風に言えばマインドコントロール、洗脳であった。

多くの抑留者たちは帰国を果たすため表面上従ったが、中には積極的にアクティブ（活動家）となりソ連当局に阿《おもね》る者もいた。ソ連側には彼らが帰国後、日本に共産主義革命を起こす起爆力となることを期待したようだ。

革命歌を歌いながら上陸する引き揚げ者

昭和24年以降になると、舞鶴に着く引き揚げ者たちが「インターナショナル」を歌い「革命」を唱えながら上陸、出迎えた家族や友人らを戸惑わせた。

さらにそこから列車で京都を経由、東京、大阪などに着くと、引き揚げ者を、入党させようとする共産党員と家族や友人らが奪い合うという騒ぎにもなった。このため政府は24年8月、引き揚げ者を圧迫し、そそのかしたりあおったりしてはならないという政令を出すほどだった。

むろん洗脳を受けていた引き揚げ者たちの多くは、故国の土を踏むとともに一気に冷めてゆき「革命の先兵役」にはならなかった。それでも、共産主義独裁国家による思想統制の恐ろしさを見せつけたことは間違いなかった。

▼舞鶴港

京都府舞鶴市が面する舞鶴湾の港。湾口は狭いが、天然の良港として湾の東と西に建設された。このうち東港は明治になって海軍の舞鶴鎮守府の関連施設が設けられ、軍港として発展する。

戦後には引き揚げ港の指定を受け、北側の平地区に専門の桟橋と援護局が設置され中国、ソ連からの引き揚げ者計約66万人がここで故国の土を踏んだ。

引き揚げ船が着くたびに、一人息子を捜していた端野いせさんを歌った演歌『岸壁の母』の舞台もこの桟橋だった。

現在では復元された桟橋を見下ろす岬の一帯が引揚記念公園として整備されている。

1946年～

鉄のカーテン演説とニューディーラーの退潮

米本国は冷戦激化で対共産圏強硬派に

１９４６（昭和21）年３月５日、訪米中の英国前首相、ウィンストン・チャーチルが行った演説が世界中の耳目を集めた。場所はミズーリ州のウェストミンスター大学だった。

「バルト海のシチェチンからアドリア海のトリエスタまで、（ヨーロッパ）大陸を横断して鉄のカーテンが降りた」

シチェチンは当時のドイツとの国境に近いポーランドの町、トリエスタはイタリアとユーゴスラビア（現スロベニア）との国境にある都市である。このラインの東側の国は戦後、急速に共産主義化、ソ連の衛星国化しつつあった。西側の国々との間に大きな亀裂が生じる。チャーチルはこの深まる溝を文学的表現で示したのだ。チャーチルはさらに、ソ連に対抗するため「世界の英語国民が軍事同盟に相当する強力な同胞

訪米中に「鉄のカーテンが降りた」と演説したチャーチル英国前首相

組合を結成すべきだ」などと述べ、武力対決の姿勢を鮮明にした。

一方、米国のハリー・トルーマン大統領も翌47年3月、議会での演説で、共産主義進出に対する「防壁」としてギリシャ、トルコに資金援助すると表明、今後は両国に限らず、世界的に共産主義と対決する姿勢を打ち出した。後に「トルーマン・ドクトリン」と名付けられる。この後、半世紀近くにも及ぶ「冷戦」の火ぶたが切って落とされたのだ。

GHQにも潮の変わり目

だがその西側陣営も、こと極東における共産主義の脅威に対しては、まだまだ楽天的だったと言ってもいい。特に日本を牛耳っていたGHQ、中でも民政局（GS）のホイットニー局長、ケーディス次長、経済科学局（ESS）のウィリアム・マーカット局長らがそうだった。

彼らはマッカーサー最高司令官の側近であるとともに、中国共産党とパイプがあるとされた東洋研究家のオーウェン・ラティモアらニューディーラー左派の流れを汲んでいた。マッカーサーも自らの政治的野心から彼らの動きを容認する。

このため世界の冷戦が激しさを増す中でも、新憲法制定や保守政治家らの公職追放、財閥解体、教育改革など「民主化」の名による「日本弱体化」に専心していた。一方で労働組合の育成や日本共産党など革新政党との関係改善により、日本の「左傾化」にも手を貸しつつあった。

だがそうこうしているうち、1949（昭和24）年10月には中国共産党は中華人民共和国の成立を宣言する。その前の23年9月には朝鮮半島の北部に、ソ連を全面的バックに朝鮮民主主義人民共和国（北朝鮮）が生まれ、南の韓国ににらみをきかせていた。

このためGHQ内でも参謀第2部（G2）を率いるチャールズ・ウィロビー少将らはGSと激しく対立するようになる。G2は日本の治安・情報を担当しているだけに、このままでは日本が共産主義国家になると恐れたのだ。ウィロビーはGHQ内に左翼主義者が多くいることなどを調べ上げ、マッカーサーに対日政策を改めるよう進言する。

「日本弱体化」方針の転換

一方、米本国内にもGHQへの批判が続出する。中心となったのはかつての駐日米国大使で親日家のジョセフ・グルーが名誉会長をつとめるアメリカ対日協議会（ACJ）だった。中でもハリー・カーンやコンプトン・パケナムら『ニューズウィーク』誌に所属する記者たちは、「民主主義により日本の経済力を失わせ、占領は失敗につぐ失敗だ」などと徹底的に批判した。

彼らは国務省や国防総省をも動かす。国務省のソ連封じ込め政策の立案者で23年3月に来日したジョージ・ケナンは「経済復興が占領政策の第一目標となるべきで、これ以上改革を押し続けるべきではない」と述べた。冷戦激化で国際社会を再構築するために、日本をこれ以上弱体化してはならないという考えだった。

ケーディスらは「逆コース」と強く反発したが、本国の方針である以上従うしかなく、財閥解体は24年までには事実上放棄され、公職追放も解除に向かう。だが本格的な「日本弱体化」方針の転換は朝鮮戦争の勃発まで待つことになる。

▼中華人民共和国　1945（昭和20）年8月、日本が先の大戦に敗れた後、中国では国民党の

蔣介石と共産党の毛沢東による「国共会議」が開かれた。だが長年の内戦による溝は埋まらず、46年7月から再び本格的内戦に突入した。当初は米軍の最新装備を持った国民党が優位で、12月には共産党抜きで国民会議を開催、憲法制定の後、蔣介石を「中華民国」の初代総統に選んだ。

しかし47年ごろから共産党が反攻に転じ、旧満州を拠点に延安、青島などを次々に支配下におさめて圧倒、49年10月1日、北京の天安門で中華人民共和国の建国を宣言した。蔣介石はこの年の12月、成都から飛行機で台湾に脱出する。

1950年6月〜53年7月

朝鮮戦争から「強い日本」求める

「北」の侵攻に米大統領は激怒

昭和25（1950）年6月25日早暁、朝鮮半島を南北に分かつ北緯38度線近くの開城《ケソン》など何カ所かで北朝鮮軍と韓国軍とが衝突した。朝鮮戦争の勃発である。

どちらが先に仕掛けたかについては当初、韓国軍や背後にいる米軍の謀略によるとの見方が日本の左翼系文化人らによって唱えられた。しかし戦争の途中、米軍が押収した北朝鮮側の内部資料などから、旧ソ連の指導を受けた北の計画的南進によって起きたことは今や常識となっている。

それを物語るように北朝鮮軍は「快進撃」を続け、3日後の28日、韓国の首都ソウルを落とし、7月20日には李承晩大統領が臨時政府を置いた大田《テジョン》も占領、韓国軍を南部・釜山とその周辺だけに追い詰めてしまった。

北朝鮮が最初に攻め入ったのは日曜日で、米国時間では24日の土曜日だった。ミ

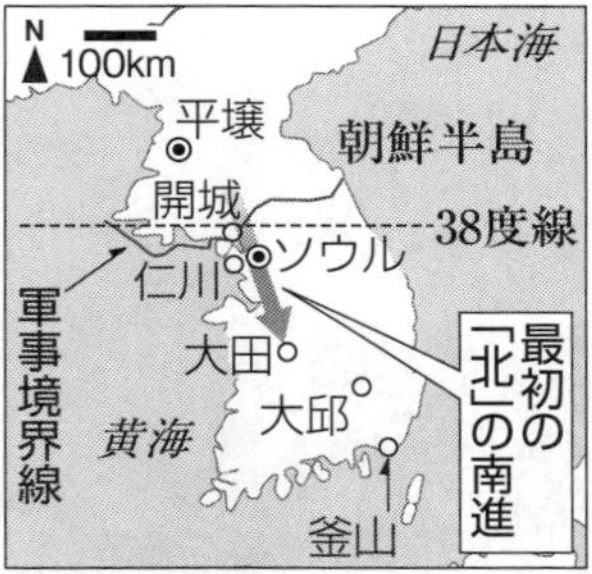

ズーリ州の自宅で休暇中の米大統領、ハリー・トルーマンは電話で連絡を受け、叫んだという。

「畜生どもを何としても食い止めるんだ」（ジョン・トーランド『勝利なき戦い　朝鮮戦争』）

翌25日、米国は日曜日にもかかわらず国連の安全保障理事会の開催を求め、その日のうちに北朝鮮軍の撤退を要求する決議案が採択された。

米国にとっての「幸運」は常任理事国のソ連が欠席、拒否権を行使しなかったことだ。ソ連は中国共産党により台湾に追われた蒋介石の国民政府が国連に代表を送っていることに抗議、すべての会議をボイコットしていた。だが朝鮮半島をめぐる理事会にも欠席したのは、自らが北朝鮮を操っていることが明るみに出るのを恐れたためとの見方もあった。

中国義勇軍が参戦、一進一退に

さらなる決議で国連軍創設にこぎつけたトルーマンは、東京の連合国軍最高司令官、ダグラス・マッカーサーを国連軍総司令官に任命する。マッカーサーは9月、国連軍

朝鮮戦争。ソウル市内に突入する米軍戦車隊＝ 昭和25年9月

を率いソウル西方の仁川《インチョン》に上陸、北朝鮮軍を38度線以北に追い返し、10月には中国との国境の鴨緑江にまで追い詰めた。

だがここで突然、何万という中国人民義勇軍が参戦、韓国・国連軍を南へ追いやりソウルを再占領する。こうして両軍が一進一退を繰り返し、文字通り「勝利なき戦い」を終えることになる。

この戦争は日本にとっても大きな分岐点となった。国連軍が創設された直後の7月8日、マッカーサーが吉田茂首相に書簡を送り、警察予備隊の開設を要請したからだ。警察予備隊は「相当高度な武装をした部隊」と定義され、実態は完全に軍隊だった。

吉田はこれに応じ、7万5千人規模の警察予備隊創設を目指し隊員を募集、海上保安庁も8千人の定員増をはかる。後に保安隊、自衛隊と衣替えしていくが、「要請」は事実上「指令」であり、米国の対東アジアや対日政策の一大転換を示していた。

米国は戦前の日中戦争などで常に蒋介石の中国側を支援した。日本がこの「援蔣」ルートを断つ意味もあり南方に進出すると、石油禁輸などで開戦に追い込んだ。

東京大空襲や原爆投下、ソ連への参戦要請まで行い日本軍を壊滅させると、歴史観や戦争放棄の新憲法の押しつけで日本の無力化をはかる。一方で中国は共産党が制圧するままにし、日本がいなくなった朝鮮は北部の戦後処理をソ連に任せた。日本さえ骨抜きにすれば東アジアは平和で民主的な地域になると信じたからだ。

「日本さえ潰せば……」米戦略の誤り

だが現実は全く逆だった。ソ連は北朝鮮を自らの支配下に置き、中国とともに共産主義の「南進」をはかる。その表れが朝鮮戦争であり、米国はここに至ってようやく真の脅威は国際共産主義で「日本さえ潰せば…」が間違いだったことに気付いた。

このため対日方針を百八十度転換、日本共産党を中枢から追放したほか、日本でソ連、中国、北朝鮮に呼応して蜂起しかねない勢力を抑えるため警察予備隊創設を求めたのだ。自ら押しつけた憲法との齟齬《そご》には目をつぶり「そこそこ強い国」に戻さざるを得なかったのである。

▼アコーディオン戦争 国連軍と韓国軍によって、いったん鴨緑江にまで追い詰められた北朝鮮軍は中国人民義勇軍の助けを得て反撃、38度線を越え1951年1月には、ソウルを再占拠した。

これに対し国連軍は2回にわたり北朝鮮・中国義勇軍を38度線以北に押し返し一進一退を繰り返した。その形態が似ているというのでアコーディオン戦争と呼ばれた。膠着《こうちゃく》状態となった51年7月には開城で休戦会談が始まり、53年7月27日、休戦協定が結ばれて戦闘は終結、現在の軍事境界線が定められた。この間、中国本土攻撃を主張したマッカーサーは国連軍総司令官を解任された。

1951年4月11日

マッカーサー解任と日本の戦争肯定

すでに自虐史観に染まっていた日本人は

1951（昭和26）年4月11日、米国のトルーマン大統領は緊急記者会見を開いた。午前1時というその時間が、会見の緊急度と重要度を予感させた。はたせるかな、日本を占領する連合国軍の最高司令官にして朝鮮戦争の国連軍総司令官のダグラス・マッカーサー元帥のすべての権限を解任するという衝撃的なものだった。

解任の理由としてトルーマンは「マッカーサー元帥は、米国および国連の政策に対して心からの支持を与えることができない」と述べた。つまりは、朝鮮戦争に関し元帥が米国政府や国連の方針に背いているということだった。

マッカーサーは朝鮮戦争が起きて間もない1950年7月7日、国連安全保障理事会が米国の国連軍指揮を決定したのを受け、トルーマンによりその総司令官に任命された。国連軍は9月15日、韓国の仁川に上陸、38度線を突破して北朝鮮軍を中国国境近くまで追い詰めるのに成功していた。

しかしその後、中国人民義勇軍の支援を得て反撃する北朝鮮軍と一進一退となる中、マッカーサー総司令官とトルーマンら米国政府の間の亀裂が広がる。

日の丸を振って見送った日本人

マッカーサーは朝鮮戦争を機に極東アジアから共産主義勢力を一掃すべきだとの立場だった。このため中国本土、特に満州への爆撃や台湾の国民政府軍の参戦など、次々に強攻策を主張した。これに対し米政府は、反対の立場だった。米国は欧州東部に次々と共産主義国家を誕生させ、衛星国化しているソ連との冷戦激化の最中にあった。極東でもソ連と衝突し第3次世界大戦になるのだけは避けたい考えだった。

しかも生粋の軍人であるマッカーサーと実務家として知られた上院議員出身のトルーマンとは、1950年10月に太平洋のウエーク島で協議するまで一度も会ったことがなかった。2人は意思の疎通ができていなかった。結局トルーマンは、シビリアン・コントロール（文民統制）の原則に基づき「大統領に服しない司令官」を解任したのである。

解任後、マッカーサーは議会で証言に立ち、自らの主張を展開した。しかし上下両院の議員らには政府の見解を支持する意見が強く、マッカーサーは「老兵は死なず、立ち去るのみ」の言葉を残し、戦いや政治の現場から退かざるを得なかった。後任にはマシュー・リッジウェイ中将が任命されたが、強硬派のマッカーサーの解任で、朝鮮戦争は急速に休戦志向に向かい、極東アジアでの「冷戦」は後世にまで残されることになる。

福岡市の西中州水上公園に「元帥の功績を讃えてその解任を惜しむ」と感謝の文句と肖像が＝昭和26年４月13日

一方、ＧＨＱの最高司令官が解任されたことに対し、日本国民の多くは同情的だった。解任からわずか５日後の４月16日、帰国のため羽田空港に向う元帥を約20万人の市民が沿道で日の丸を振って見送った。

「日本の戦争突入は安全保障のためだった」

マッカーサーと常に良好な関係にあった吉田茂首相は書簡で「日本国民はすべて、天皇陛下から路上の市民に至るまで、貴官の離日を惜しんでいます」と述べた。銅像を建てるための募金運動も行われたという。

昭和天皇に対して極めて好意的に接したこと、GHQを通じてさまざまな民主化政策を打ち出したことなど、占領政策の「功」の面が日本人の心に強く残った。その半面、事実上米軍が作った憲法や歴史観の押しつけ、苛酷な戦犯裁判、言論封殺など「罪」の面は忘れ去られようとしていた。

マッカーサーは議会での証言の中で日本統治について語り、こんなことも述べていた。

「日本には近代国家としての資源に乏しく、石油や鉄といった東南アジアに多い資源をわれわれは日本に売らないことにした。従って日本が戦争に入った目的は主として安全保障のためだった」

それなら「日本の中国での侵略から始まった」とする東京裁判での判断は何だった

のかと言いたくなる。だが当時、この発言は日本ではほとんど報道されず、問題にもされなかった。

まだ占領が終わっておらず、GHQ批判も十分できないころだったが、日本人がすでに戦勝国から強制された「自虐史観」に染まっていたとも言える。いずれにせよ、一人の強権的司令官により日本が振り回されていた時代だったことは間違いない。

▼マッカーサーと大統領選

マッカーサー元帥は日本を打ち破った英雄として戦後、米国内で人気を誇っていた。このため1948（昭和23）年の大統領選で民主党のトルーマンに対抗する共和党の大統領候補に推す声があり、本人も十分意欲を持っていた。このため保守派でありながら日本占領政策では、ニューディーラー（改革派）を取り込むため、民主化にも力を入れ、占領を成功裏に終わらせようとしたという。

だが共和党の候補は前回と同じトーマス・デューイに決まり、そのデューイは絶対的優位を予想されながら、現職のトルーマンに逆転負けした。

このためマッカーサーは政治的野心を失うとともに「独断専行」が増したとされる。

1951年9月8日

「多数講和」で西側に立つ

文化人の反対、ソ連の妨害押し切る

「曲学阿世《きょくがくあせい》」という言葉がある。中国『史記』の「儒林伝」で老詩人が少壮の学者を諭《さと》した文言だといい、学問を曲げ世の中に阿《おもね》るという意味だ。

この言葉が日本で広く知られるようになったのは昭和25（1950）年5月3日、吉田茂首相が与党・自由党の両院議員総会で使ってからだ。戦勝国との講和に関し当時の南原繁東大総長を名指しで「永世中立とか全面講和などというのは曲学阿世の徒の空論にほかならぬ」と批判したのである。

両院議員総会は秘密会だった。だが翌日の朝刊で毎日新聞がすっぱ抜いたため、当の南原が「学問に対する冒瀆《ぼうとく》、学者に対する権力的強圧」という談話を発表する騒ぎとなった。

連合国による占領は当時、5年近くに及んでおり、講和による独立回復は朝野を問わず悲願となりつつあった。だがその方法をめぐっては議論が二分されていた。吉田ら政府や自由党などは、戦勝国の中でも実質日本を支配している米国を中心とした自由主義国と先に「多数講和」を結ぶべきだとしていた。その上で西側陣営の一員として生きていく日本の将来図を描いた。

サンフランシスコ講和条約で調印する吉田茂首席全権。日本は６年以上に及んだ占領からようやく解放されることになった＝昭和26年９月8日

これに対し南原ら「平和問題談話会」のメンバーらは、ソ連や中国など共産圏も含めた全ての国と「全面講和」すべきだと主張していた。談話会には大内兵衛、羽仁五郎、丸山真男、都留重人ら主に左派系の文化人が加わり、

非武装中立も訴えていた。社会党、共産党などもこれを支持する。

政治のリアリズムからは「中立」は無理

だが戦後世界は英国前首相、ウィンストン・チャーチルの「鉄のカーテン」発言に象徴される東西両陣営の「冷戦」に突入していた。国際共産主義の脅威は、中国大陸から朝鮮半島の北部にまで及んでおり、政治のリアリズムからすれば「中立」などとてもとれない選択だった。

しかも北方領土を占拠したままのソ連とも同時に講和しようとすれば膨大な時間がかかり、占領体制が長引く。吉田らには「全面講和」など文字通り「世に阿る」主張としか思えなかったのだ。

実は「曲学阿世」騒ぎの最中、米ワシントンでは講和をめぐる日米の「密談」が行われていた。吉田が経済面での調整を表向きの目的として派遣した腹心の池田勇人蔵相が、ジョセフ・ドッジ国務省顧問らと会い、米側の講和への取り組みを「瀬踏み」していたのである。日本にいるダグラス・マッカーサー連合国軍最高司令官を頭越しにした「密使」だった。

池田は講和後も米軍が日本に駐留することを日本が認め、それが米側から言い出しにくければ日本側から申し入れてもいい、などの考えを伝えたという。この密談は間もなくマッカーサーの知るところとなり、講和交渉も頓挫したかに見えた。だがその直後に起きた朝鮮戦争が日本側にとって「追い風」となる。

大統領は講和促進の国務省案を採用

当時の外務省条約局長、西村熊雄の『サンフランシスコ平和条約・日米安保条約』によれば、米国防総省は、朝鮮戦争で日本を自由に軍事利用するため、占領を維持すべきだと考えた。これに対し国務省は「心からなる日本人の協力」を得るため講和を急ぐべきだと主張、トルーマン大統領の裁断で促進案が採用された。

このため吉田と米国務省顧問、ジョン・フォスター・ダレスとの間で交渉が進み、26年9月8日、講和条約調印にこぎつけた。

米西海岸サンフランシスコのオペラハウスで行われた講和会議には52カ国が出席、ソ連は「極東における新しい戦争の準備のための条約だ」と反対、妨害しようとする。だが議長役の米国代表、ディーン・アチソン国務長官がこれを押し切り、結局ソ連など東側3カ国を除く49カ国が調印した。

同じ日、日本と米国は日本への米軍駐留を裏付ける日米安全保障条約に調印した。

調印を終えて帰国した吉田は独立回復を喜ぶ国民に歓迎された。ただ米国の施政権下に入ることになった沖縄などの返還と、米が強く求めた日本の再軍備の問題が後々まで残された。

▼サンフランシスコ講和（平和）条約　全27条からなる。第1条で日本と連合国の戦争状態の終結を宣言、第2条では日本が「済州島、巨文島及び鬱陵島を含む朝鮮」「台湾及び澎湖諸島」「千島列島並びに樺太の一部」に対する権利、権原、請求権を放棄するとした。また第3条で北緯29度以南の南西諸島（琉球諸島など）、小笠原群島や沖の鳥島などが米国を施政権者とする国連の信託統治下に置かれることが認められた。さらに第6条で連合国の占領軍は条約の効力発生後90日以内に撤退するが、日本との2国間または多数国間の協定で外国軍隊の駐留を認め、これが日米安保条約の根拠となった。

1952年10月

改憲拒み続けた吉田首相

米国は「自由のための戦い」を求めた

終戦直後の昭和20（1945）年8月末、後の首相、吉田茂が元駐独大使、来栖《くるす》三郎らにあてた有名なはがきがある。

冒頭、英文で「もし悪魔に息子がいるなら、間違いなくそれは東条だ」と開戦時の首相、東条英機を罵倒する。東条個人だけでなく「軍なる政治の癌《がん》切開除去」がなり「此敗戦必らずしも悪からず」と軍批判も展開している。

この年の4月、吉田は憲兵隊により拘束されている。近衛文麿元首相が昭和天皇に「降伏」を直言したいわゆる「近衛上奏文」に関与、軍を中傷したなどの疑いだった。東京憲兵隊などに約40日間勾留された後仮釈放されたが、吉田はこれを相当恨んだらしい。

先のはがきにも「小生共を苦しめたるケンペイ君…其《その》頭目東条」とあり、吉田の

日本に改憲と再軍備を迫った米国のダレス特使

「軍嫌い」の一因になったことをうかがわせる。

そしてこの嫌軍感情が戦後の吉田政権下で憲法改正―再軍備問題に微妙な影を落としていると言えなくもない。

26年1月、米国務省顧問のジョン・フォスター・ダレスが特使として来日した。朝鮮戦争勃発で機運が強まりつつあった講和条約締結に向け、日本側と交渉するためである。

再軍備、軍事的寄与求めたダレス

29日、東京の三井本館でダレスと会談した吉田は早期の独立回復を求め「独立回復後は、自由陣営の安定と平和のための応分の寄与をする覚悟だ」と述べた。

すかさずダレスが反問する。

「寄与とは何か。今米国は自由のため世界で戦っている。日本は再軍備して軍事的寄与をしてもらいたい」。憲法を改正し自由主義陣営とともに戦えというのだ。

だが吉田は拒否する。「日本がまず求めるのは独立の回復であり、いかなる寄与が

保安隊創立1周年。カービン銃に身をかためた隊員約1000人が都内を行進した＝昭和28年10月15日、東京都港区・田村町

できるかはその後のことだ」

この議論は「仲裁」に当たった連合国軍のマッカーサー最高司令官が吉田を支持して終わるが、ダレスはなお再軍備を求める。これに対し吉田は、朝鮮戦争勃発で前年発足した警察予備隊を、保安隊として拡充することを約束する。さらに独立後も米軍の日本駐留を可能にする日米安保条約を結ぶことで講和にこぎつける。

保安隊は翌27年10月に発足、さらに29年には防衛庁（現防衛省）のもとに陸、海、空の自衛隊が生まれ、近代的装備を整えた「軍」に育っていく。

それでも吉田は法的に裏付ける憲法の改正をかたくなに拒否し続ける。例えば吉田が親しくしていた数少ない旧軍人の一人、辰巳栄一元陸軍中将が後に雑誌『偕行』で明らかにしている逸話がある。辰巳が改憲を進言したのに対し吉田は「そもそも再軍備に反対である。従って憲法は改正しない」とし、その理由をあげたという。

①諸外国に対抗できる軍備を持つことは財政上不可能で今は経済力をつけることが先決

②国民の間にみなぎっている反戦、反軍の思想は再軍備に反対だ

③近隣諸国に軍国主義が復活したという不安を与える——だった。

解釈によって自衛隊を合法化

しかし②③についてはたとえそうであっても、必要とあればこれを説得して決断するのが政治家の役割である。吉田がこれを改憲拒否の理由としたことは、自らの軍への嫌悪感にとらわれていたと疑われても仕方がなかった。

もっとも吉田にすれば、占領直後あれほど日本の非武装化、骨抜きのために憲法を押しつけた米国が国際情勢の急変を理由にその改正を迫るのは、あまりに身勝手に思えたのも事実だろう。辰巳に対し「5、6年でやすやすと変えるものではない」とも語っている。

いずれにせよ憲法改正をしなかったことで政府は「憲法は自衛のための戦争や武力行使まで否定していない」という解釈によって自衛隊を「合法化」せざるを得ず、今日に至っている。

むろん、吉田の経済優先政策が後の経済成長をもたらせたものとして評価する声も多い。

だが集団的自衛権の行使を可能にするためだけでも、大変な労力を使わざるを得ないのが日本の安全保障の現実だ。あの好機に改憲をしておかなかったツケと思えてならない。

▼保安隊から自衛隊へ

昭和29年3月、日米間で相互防衛援助協定（ＭＳＡ）が結ばれた。米国が防衛面で援助を行う一方、日本もより一層の防衛力増強を義務づけられた。このため当時の吉田内閣は保安隊では不十分とし同年6月、防衛庁設置法と自衛隊法の防衛２法を成立させ、７月１日、防衛庁の下に陸上、海上、航空の３自衛隊が発足した。保安隊の任務が国内治安の維持だったのに対し自衛隊法は「わが国の平和と安全を守り…」と国防を第一の任務と定めた。発足時、陸上が13万9千、海上が１万6千、航空が６７００の「兵力」からなっていた。

1952年5月1日

講和3日後にメーデー事件

皇居前広場突入の指示があった?

サンフランシスコ講和条約の発効で、日本が独立を回復したのは昭和27（1952）年4月28日である。その3日後の5月1日、東京・神宮外苑広場で第23回メーデーの中央大会が開かれた。

午前10時20分に始まった大会には、総評など実行委員会によれば54単産から40万人（警察発表では15万人）が参加、左右両派の社会党や共産党の代表、知識人らがあいさつする。

「再軍備反対」「民族の独立を闘い取れ」といった講和直後らしい政治的なスローガンも目立った。それでも大会は正午過ぎには平穏裏に散会、その後5つのコースでデモ行進に移り、それぞれ渋谷、新宿、日比谷公園などで解散する予定だった。

ところが日比谷公園へのコースで、都学連の学生約5千人がデモの先頭に立ち「人民広場へ行こう」とあおり、次第に不穏な空気が漂ってくる。「人民広場」とは左翼系がそう呼んでいた皇居前広場のことだった。午後２時過ぎ、日比谷公園に集まった参加者の一部が５００メートルばかり北の皇居前広場に向け強硬突入をはかる。

左翼の「聖地」にこだわった

彼らが皇居前広場にこだわるのには理由があった。戦後復活したメーデーの中央大会は昭和21年から25年までこの広場で開かれた。21年5月、約20万人を集め「革命前夜」のような空気を醸し出した食糧メーデーも、ここが舞台だった。いわば左翼にとって「聖地」と化していたのだ。

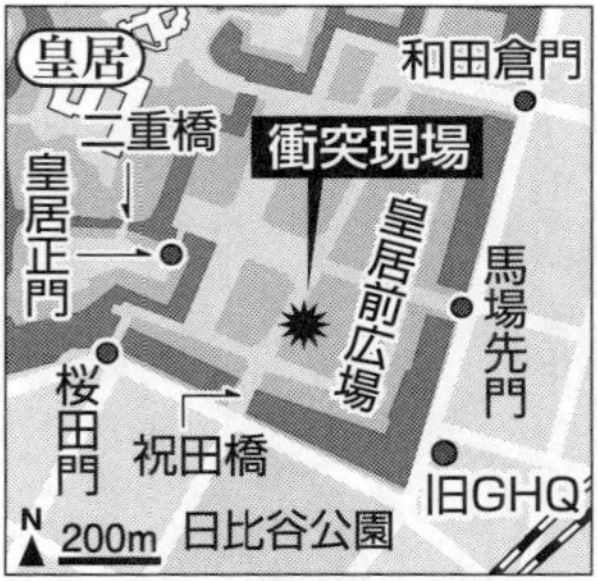

ところが25年5月、全面講和を求めて開かれた「人民決起大会」が吉田茂政権の神経をとがらせ、翌26年のメーデーから締め出された。このため総評が東京地裁に使用許可を求めて提訴、地裁は27年4月28日に使用を認める決定を行った。だが政府が控訴したため時間切れで使えなくなり、そのことへの怒りがあった。

これに対し警察は約９００人で警備に当たり、広場東

激しく衝突するデモ隊と警官隊。血のメーデーといわれた＝昭和27年５月１日、皇居前広場

側の馬場先門に阻止線を引いていたが、デモ隊を無理には止めず、広場に入れた。このため馬場先門と南側の祝田橋から５千〜６千人の学生らが広場になだれ込んだ。

警察としては「多勢に無勢」のため広場内で平穏に解散させるつもりだったようだ。だがデモ隊は皇居のシンボルでもある二重橋に赤旗を立てるなどし、皇居前広場を占拠する構えを見せた。

このため警察隊は大勢の応援を求めた上、催涙ガス弾を撃ち込むなどして排除を始めた。大量の投石で抵抗するデモ隊に対しついに拳銃も使用、デモ隊側もお濠《ほり》の反対側の旧ＧＨＱ（連合国軍総司令部）の建物まで襲おうとするなど「修羅場」と化した。

夕方まで続いた「戦闘」でデモ隊の２人

が死亡、負傷者はデモ隊約1500人、警官800人に上った。1200人以上が逮捕、261人が騒乱罪で起訴され、長い裁判の結果、騒乱罪は不成立となり、16人だけが公務執行妨害などで有罪となった。

日本共産党幹部の指示があった？

事件については偶発的なものとして、皇居前広場からメーデーを締め出したうえ拳銃まで使って鎮静化に当たった政府や警察を批判する見解が多かった。だが最近では当時の日本共産党が騒動を計画的に起こしたとの疑いが強い。

例えば元共産党員の兵本達吉氏は『日本共産党の戦後秘史』の中で、共産党研究家、宮地健一氏の資料を引用しながら新たな見解を提示する。メーデーの前日、当時の最高幹部で中央軍事委員長だった志田重男から地下組織に対し「広場に突入せよ」との指示があったというのだ。

共産党は前年10月の第5回全国協議会でそれまでの「平和的民主的手段による革命」を否定、武力革命を目指していた。その一環として各地で火炎瓶事件を起こし、吹田事件、大須事件など騒乱事件で中心的役割を担った。

この路線は共産党自身が後に「極左冒険主義」と自己批判、間もなく放棄される。

だが一時的にせよ、民意を無視した武力革命路線をとったことは、労働組合など革新勢力からさえ見放される原因となった。

▼３大騒乱事件

メーデー事件をはじめ同じ昭和27年に起きた吹田事件、大須事件を言う。吹田事件は6月24日、大阪府豊中市の大阪大グラウンドで開かれた朝鮮戦争2周年記念前夜祭に参加した学生や労働者約９００人が吹田市の国鉄吹田操車場などを襲った。朝鮮戦争向け軍用列車を阻止するとし操車場内をデモ、吹田署派出所に火炎瓶を投げるなどし、１１１人が起訴される。大須事件は7月7日、名古屋市の大須球場で、中国などを訪問した帆足計代議士らの歓迎報告会のあと、デモ行進した労働者らが火炎瓶を投げるなど警官隊と衝突、１人が死亡、１５０人が起訴された。

第4章

東西対立のはざまで国際舞台へ復帰果たした

1949年8月

国際的地位を高めた水泳の活躍

古橋の快挙が「ジャップ」を封じた

下山、三鷹、松川という3大事件で日本列島が騒然とした空気に包まれていた昭和24（１９４９）年夏、それを吹き飛ばすような日本人の「快挙」のニュースが海外から飛び込んできた。

8月16日（日本時間17日）から米ロサンゼルスで開かれた水泳の全米選手権で日本選手が5種目で優勝したのだ。中でも古橋広之進（日大）は４００メートル、８００メートル、１５００メートルの各自由形で世界新記録を連発、1位となる。

この活躍を日本の新聞は、17日に松川事件が起きたにもかかわらず18日からほぼ連日、1面トップで報じ、日本中が歓喜と興奮に包まれた。

日本人だけではない。日本を事実上支配していたダグラス・マッカーサー連合国軍最高司令官も特別に声明を発表する。

「日本がもっと重要な国際的責任を果たすべき場面に臨む機会を与えられたならば、決して世界の世論を失望させることがないであろうと確信する」

もはや水泳や古橋個人のことではない。敗戦ですっかり失った日本の国際的地位の復活と受け止められたのである。

戦後初の五輪参加を拒まれて

快挙への道程は前年の昭和23年夏にさかのぼる。この年の7月29日から、戦後初のオリンピックが英国ロンドンで開催された。だが日本は招待されない。国際的には参加を認めるべきだとの声もあったが、戦争初期日本に負けた英国民の反日感情は激しかった。

日本の競技者や競技団体が落胆したのは言うまでもない。中でも戦前の五輪で金メダルを量産したお家芸で、戦後もいち早く選手の強化に取り組んでいた水泳連盟はロンドン五輪に合わせて、全日本選手権を開催する。五輪の優勝記録を上回る記録で「うっぷん」を晴らそうとしたのだ。

期待に応えたのが古橋と、日大の同僚である橋爪四郎だった。8月6日、東京の神宮プールで行われた1500メートル自由形で、古橋がそれまでの世界記録を大きく

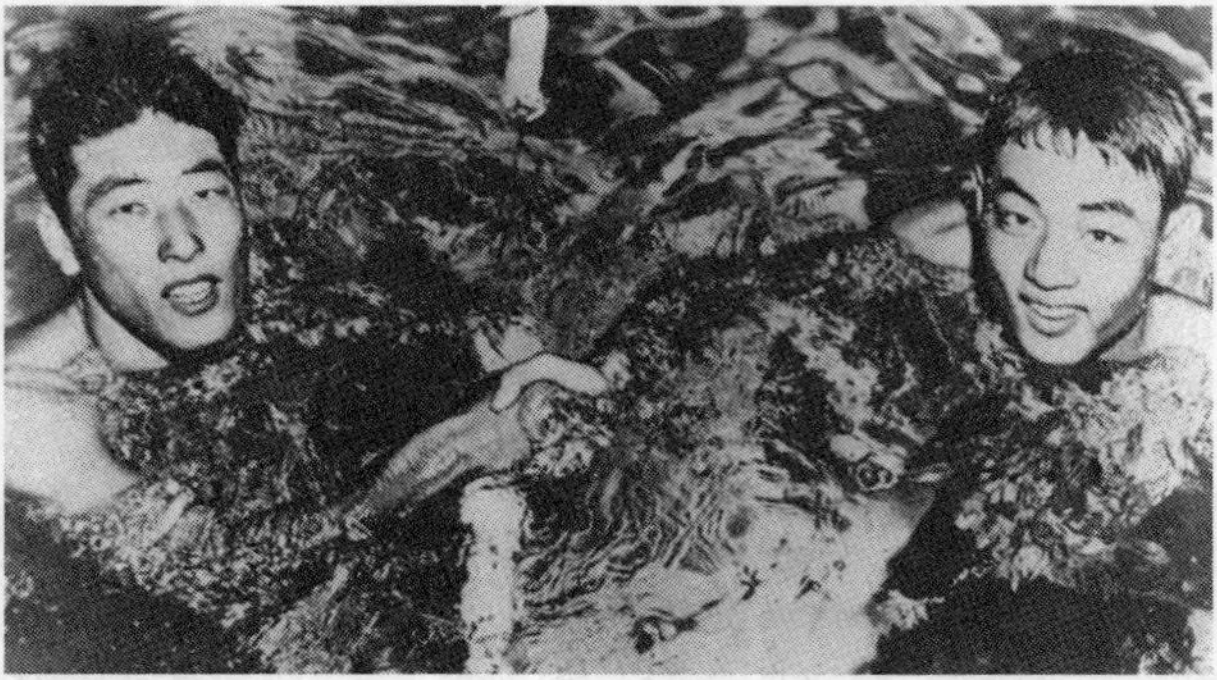

全米水上選手権1500メートル自由形で優勝した古橋（左）と２位の橋爪＝昭和24年８月、米ロサンゼルス

上回る18分37秒で優勝、橋爪が0・8秒差で続いた。

２人とも約32時間後に行われた五輪の同レースの優勝記録を40秒ほど上回ったことがわかり、国民は快哉《かいさい》を叫んだ。しかも食糧難の時代に、買い出しに苦労しながらサツマイモを食べて猛練習したことなどが報じられると、古橋は一躍「国民的英雄」となる。

翌24年になり、ハワイや米国西海岸の日系人たちがこの母国の英雄たちを招こうと動き始める。水連もこれを受け、元外務政務次官で顧問の松本滝蔵が中心となりＧＨＱと交渉した結果、マッカーサーの推薦もあり全米選手権に出場できることになったのだ。

松本を団長に古橋、橋爪ら自由形のみの選手６人は８月12日羽田を出発、ハワイ経由でロサンゼルス入りした。

だが終戦からまだ４年、最大の交戦国だった米国民の日本人に対する憎悪の念は強く、選手たちにツバをはきかける者もいた。

米国の新聞は「ジャップ」と書き、古橋らが日本で出した世界新記録に対しても「神宮プールは爆撃で短くなった」「日本の時計は空襲で遅くなった」などと、こき下ろすありさまだった。

「フジヤマのトビウオ」と一転称賛

反対に古橋らに快く自宅の豪邸を宿舎に提供したスーパー経営者のフレッド・ワダ（和田勇）ら現地の日系人は熱心に、そして温かく応援した。ちなみにワダはこれを機会に日本のスポーツ関係者と交友を結ぶ。昭和39年の東京五輪招致では、手弁当で中南米諸国を回り日本への支持を依頼、招致成功に大きな役割を果たしたことで知られる。

そうした応援を受け古橋らが米国選手に圧勝すると、新聞も「ジャップ」から一変して「フジヤマのトビウオ」などと呼び、称賛し始めたのだ。

その活躍が敗戦でうちひしがれたままだった日本人や日系人にとって、この上ない励ましになったことは言うまでもない。日本が敗戦から未来に踏み出す大きな一歩となったともいえる。

▼その後の古橋広之進

古橋は全米水上選手権から3年後の昭和27年、フィンランドのヘルシンキで開かれた五輪に参加した。同僚の橋爪四郎が1500メートルで銀メダルを獲得したのに対し、古橋は400メートルで8位に入るのがやっとだった。すでにピークを過ぎていたのと、ブラジル遠征でかかったアメーバ赤痢の後遺症のせいだった。

選手引退後は日本水泳連盟会長、国際水泳連盟副会長、日本オリンピック委員会会長などの要職をつとめた。平成20年には競技者として初めての文化勲章を受章した。21年8月2日、出張先のイタリア・ローマで客死。享年80。

1949年11月3日

日本人に初のノーベル賞

米の「英雄」も称えた湯川博士

古橋広之進選手らの全米水泳選手権での大活躍から約2カ月半後の昭和24（1949）年11月3日、またも日本人に朗報が飛び込んできた。

湯川秀樹博士のノーベル物理学賞受賞が決まったというのだ。日本人の受賞は初めてである。この日は戦前の「明治節」が衣替えした「文化の日」で、皇居では文化勲章の授与式が行われていた。受章者は作家の志賀直哉、谷崎潤一郎、歴史学の津田左右吉ら、そうそうたるメンバーだったが、それもかすむほどの大ニュースだった。

湯川の受賞理由は、原子核の中性子と陽子の間に他の粒子として中間子が存在するという予言をしたことである。すでに昭和10年に発表していたが、22年になって英国のセシル・パウエルの実験により、存在が確認され受賞となったのだ。

むろん一般の人になじみのある研究ではなかった。しかし日本人初の受賞に加え、湯川がまだ42歳と若く、父親をはじめ兄弟3人とも著名な学者とあって、日本中にノーベル賞ブームが広がる。にわか物理学者が自らの「理論」を携え、湯川の出身校の京都大学理学部に押しかける騒ぎもあったという。

もっとも湯川自身は受賞決定のとき日本にはいなかった。米コロンビア大学客員教授としてニューヨークで吉報を聞いた。

内心は「遅かったな」

早速記者との応接に追われ、湯川は「思いもよらぬことでした」と答えた。だが妻のスミが後に語ったところによれば、2人の間では「遅かったな」と話していたという（産経新聞社『戦後史開封』）。自らの研究に絶対的自信を持っていたのである。

敗戦国である日本人研究者の受賞だったが、欧米も偉業を素直に評価した。第二次大戦でノルマンディー上陸作戦を指揮した米の英雄で、当時コロンビア大学の総長だったドワイト・アイゼンハワー元帥（後の大統領）は湯川を特別に総長室に招いた。「ノーベル賞受賞者を学内に持つことはコロンビア大の名誉だ」と称《たた》えたという。

授賞式は12月10日、スウェーデンのストックホルムで行われた。スウェーデン科学学士院のスコッツベルイ院長が「数年前まで戦争に相まみえた日本人と米国人が今互いに協力して真理を追究している姿こそ、ノーベル賞の理想である」とその意義を強調した。

これに対し湯川は「ノーベル賞は自分だけの光栄ではなく、全日本人の喜び」とあいさつした（朝日新聞）。

日本の科学水準の高さを証明

ノーベル賞、中でも科学部門の受賞者は戦前、圧倒的に欧米人が多かった。だが日本人でも細菌学の野口英世が一時、生理学・医学賞の有力候補とウワサされたほか同じ細菌学の北里柴三郎、物理学の長岡半太郎ら「ノーベル賞級」といわれる優れた科学者を輩出している。

湯川の受賞はそうした日本の科学水準の高さを証明するものであり、日本の学界の悲願を達成したとも言える。「全日本人の喜び」とはそのことを示していたのかもしれない。

湯川は翌25年夏、一時帰国し国民の大歓迎を受ける。そして28年には正式に帰国、新設の京都大学基礎物理学研究所の所長に就任する。ノーベル賞受賞が敗戦国の日本人を勇気づけたのは間違いないが、それとともに同僚や後輩の科学者たちに大きな刺

2年ぶりにアメリカから帰国し、衆議院議長主催の歓迎会でノーベル賞の賞状を見せる湯川秀樹博士

激を与えたこともまた事実だった。

湯川の1歳年上で、三高、京大を通じて机を並べた同じ物理学の朝永振一郎は昭和40年、「くりこみ理論」で日本人2人目のノーベル賞受賞者となる。湯川にライバル意識を燃やした結果でもあった。さらに湯川の中間子論の論文に参加した坂田昌一、武谷三男は、湯川、朝永とともに京大出身の理論物理学の「四天王」といわれるようになる。

その後の日本は物理学、化学、生理学・医学の3部門だけで平成26年までに19人の受賞者を出すが、湯川の受賞で科学を志す若者が増えた結果でもある。

▼日本人のノーベル賞受賞

湯川秀樹氏の受賞の後、次の朝永振一郎氏まで16年かかった。しかしその後は物理学賞の江崎玲於奈氏（昭和48年）、化学賞の福井謙一氏（56年）、生理学・医学賞の利根川進氏（62年）と相次いだ。

平成12年以降は自然科学部門を中心に受賞ラッシュとなった。特に20年からは１年置きに受賞者を輩出、26年も赤崎勇氏ら３人の物理学賞受賞が決まった。この結果、文学賞（川端康成氏、大江健三郎氏）、平和賞（佐藤栄作氏）を含めた日本人の受賞者は計22人に上っている。

部門別に最も多いのは物理学賞の10人で続いて化学賞の７人。

1953年12月25日

奄美群島8年ぶりに復帰

「親米」拡大が狙いか、電撃的な返還

昭和28（1953）年8月8日夜、米国のジョン・フォスター・ダレス国務長官が東京の米国大使館で記者会見を行い、用意した声明を読み上げた。

「吉田（茂）首相に伝えたことだが、米政府は日本との間に必要な取り決めが出来れば、奄美群島に対して持っている諸権利を放棄して日本が同群島に対する権限を回復しうるよう希望する」

つまり、当時米国の施政権下にあった奄美を日本に返還するというのである。

ダレスは朝鮮戦争休戦後の米韓安保条約に調印後、韓国からこの日午後羽田に到着、吉田との会談を終えたばかりだった。

日本国民にとっては、良い意味での「寝耳に水」だった。奄美出身者らでつくり東京に事務局を置く「奄美大島復帰期成会」はこの日も代表が米国大使館に陳情書を差

し出したばかりで、突然の「朗報」に銀座で祝杯を挙げた、と当時の朝日新聞にある。実は吉田にとっても唐突だったようだ。著書『回想十年』の中でそのときの模様を極めてリアルに描いている。それによればこの日、吉田が米国大使館にダレスを訪ねると、いきなり「あなたにクリスマス・プレゼントを持ってきた」と言ってポケットを捜すが、見つからないらしい。傍らのジョン・アリソン駐日大使が「あなたの捜しているのは、これじゃないか」と紙片を手渡し、それが奄美返還の声明であることがわかったのだ。

吉田は「誠に結構なプレゼントでありがたいが、去年のクリスマス・プレゼントとしては遅すぎるし、今年にしては早すぎる。これは去年の分として頂戴し、今年のクリスマスには別のプレゼントを期待する」と答え、笑いを誘ったという。

「クリスマス・プレゼント」だとダレス

奄美が米国施政権下に入るのは昭和21年1月29日、GHQ（連合国軍総司令部）が発令した「若干の外郭地域を政治上行政上日本から分離することに関する覚書」にさかのぼる。琉球諸島、小笠原及びその周辺諸島と千島列島・歯舞《はぼまい》諸島とともに日本の領土から切り離したのである。

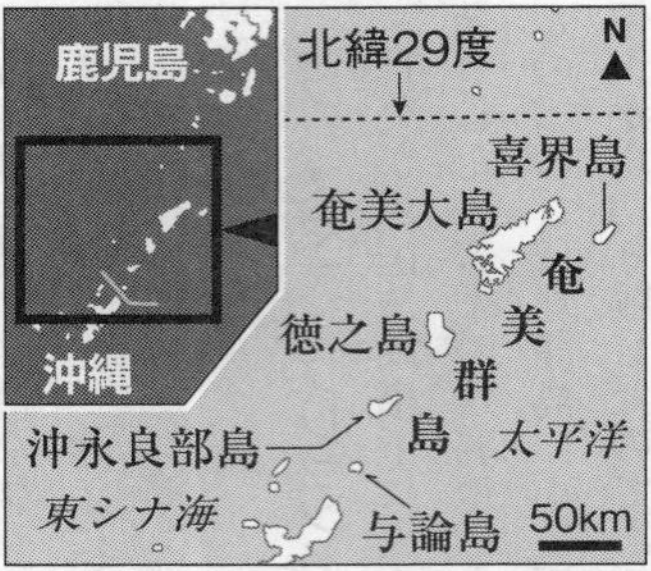

鹿児島県の一部だった奄美が沖縄とともに除外されたのは、かつて薩摩藩に支配される前、琉球王国の一部だったと米側が認識していたためといわれる。

26年のサンフランシスコ講和条約締結に当たっても、その3条で「北緯29度以南の南西諸島」として沖縄や小笠原とともに「米国を唯一の施政権者とする国連の信託統治領」となった。

21年の切り離し直後、奄美では日本復帰ではなく独立を唱える声も多かった。だが、米軍による恩恵が少なく、本土との交流がままならない不利から次第に復帰を求める運動が強まり、ハンストのような過激な行動もとられた。

こうした声を受けた形で、講和条約発効後わずか1年余りにして米国による電撃的な返還表明となった。その背景には日本にも浸透する共産主義勢力を抑えるため、親米的雰囲気を醸し出そうとの意向があった。また米国が共産圏と対峙《たいじ》するさいの戦略的価値が低いと見なしたためともされる。

沖縄、小笠原復帰は持ち越しに

いずれにせよ声明を受け、この年の12月24日には岡崎勝男外相とアリソン大使との間で返還協定が結ばれ、翌25日午前０時、約８年ぶりに奄美大島本島、喜界島、徳之島、沖永良部島、与論島などが日本に復帰し、約22万５千人が晴れて鹿児島県民となった。

本島の名瀬市（当時）などでは午前０時に花火が打ち上げられ、一斉にサイレンが鳴らされ、人々は日の丸を打ち振って復帰を喜んだ。文字通りの「クリスマス・プレゼント」だった。

だが、奄美以外の沖縄や小笠原については、ダレス声明は「米国としては極東に現在のような国際的緊張がある間は、現在行使している程度の統制と権限を保持する必要がある」とし、戦略的理由で引き続き施政下に置くことを表明している。

結局、小笠原は昭和43年、沖縄は47年まで復帰を待たなければならなかった。

▼衆院奄美群島区

奄美群島は施政権返還とともに日本の国政にも復帰する。返還翌年の昭和29年２月には補選の形で奄美だけの衆院選が行われた。しかし定数１に対し保革８人が立候補、誰も法定得票数に達せず、４月末再選挙となり自由党候補が当選した。

その後は定数がほぼ3〜5という中選挙区の中、定数1の奄美群島区とする特例措置がとられる。鹿児島県の本土と距離があるなどの理由だが、狭い地域での保守同士の激しい選挙戦がしばしば話題を呼んだ。しかし平成5年の選挙で定数4の鹿児島1区に合区され、小選挙区比例代表制移行後は鹿児島2区に組み入れられた。

1956年10月19日

苦悩の日ソ国交回復

北方領土返還、ソ連に揺さぶられる

昭和29年12月、日本民主党総裁だった鳩山一郎は悲願の首相の座に就いた。翌30年の保守合同後は憲法改正に必要な議席を得るため衆院選に小選挙区制を導入しようとし、野党の反発で断念する。

鳩山は、国民的人気は高かったが、70歳を超え、26年6月に脳出血で倒れたこともあり、指導力や気力に陰りが見え始めた。このため与党内に、ソ連との国交回復を花道に鳩山の退陣を探る動きが出てくる。

ソ連は26年9月、西側への反発でサンフランシスコ講和条約に調印することを拒否した。このため日ソ間の国交は回復せず、戦争状態を正式に終わらせる平和条約の締結も先送りされていた。

だが日本にとっては終戦直後、ソ連に占拠された北方領土の奪還が最大の懸案だった。さらにソ連内にはなお2千人を超えるとみられる日本人の「長期抑留者」が残されている。無事帰すためにも国交回復は必要だった。

一方のソ連も安保条約を結ぶ日本と米国との間にクサビをうち込もうとして日本に接近、国交回復交渉を打診してきていた。このため鳩山内閣は30年2月4日の閣議で交渉開始を決定、6月から英ロンドンで日本の松本俊一全権、ソ連のヤコブ・マリク全権とによる協議が始まった。

2島返還提案を蹴り、交渉決裂

8月、マリクは唐突に妥協案を示してきた。それまで求めてきた日米安保条約の改廃を引っ込めるとしたうえで「(北方領土の中で)歯舞《はぼまい》、色丹《しこたん》の2島は返してもよい」とした。それまでのソ連からすれば信じられない譲歩で、日本側は色めき立ったという。

だが報告を受けた重光葵外相は「国後《くなしり》、択捉《えとろふ》も日本固有の領土であり返還に努力すべきだ」と訓令する。日本側はあくまで「4島返還」であり、「2島」に応じては国後、択捉は永久に返ってこないとの判断だった。マリクは激怒し交渉は中断する。

翌31年になりソ連は「からめ手」から揺さぶってくる。北洋水域に一方的に漁業規制区域を設け日本のサケ・マス漁業を締め出そうとしたのだ。日本は蜂の巣をつついたような騒ぎとなり、実力者で漁業との関係の深い河野一郎農相が打開のためソ連を訪れる。

5月9日に行われたニコライ・ブルガーニン首相との会談は外交交渉としては異例だった。河野が日本側の通訳すらつけず1人でクレムリンに乗り込んだからだ。河野の自著『今だから話そう』によれば、河野の熱弁を聞いたブルガーニンは側にいたイシコフ漁業相に「河野君の言うことを聞いて協力してやりたまえ」と述べ、双方の漁獲高を決める暫定協定ができたという。

「領土問題を含む」を直前に削除

だがこの会談は日本国内で臆測を呼ぶ。「制限区域での漁業を認める代わりに河野が国後、択捉返還要求を取り下げた」という「密約」説である。むろん河野は自著で「日本に不利な話し合いをするはずがあろうか」と全面否定している。だが真偽にかかわらず、この密約説がその後の日ソ、日露関係に暗い影を落とす。

この年の7月からモスクワでの交渉に臨んだ重光は、4島返還を持ち出すたびにソ連側から「その点はブルガーニン・河野会談で申し述べてある」と「密約」をほのめ

日ソの国交回復をうたった共同宣言に署名する鳩山首相(左)とブルガーニン・ソ連首相。だが、北方領土返還にはつながらなかった＝昭和31年10月19日、モスクワ

かして押し切られる。このため対ソ強硬派の重光も「刀折れ、矢尽きた」とソ連の2島返還をのむしかないと鳩山に打電する。

だがこれを拒否した鳩山は病身を押して河野とともに訪ソ、10月19日、日ソ共同宣言の調印にこぎつけ、国交回復を果たした。

共同宣言は当初、歯舞、色丹の返還に加え「領土問題を含む平和条約の締結に関する交渉を継続する」となっていた。だが直前になってソ連のニキータ・フルシチョフ第一書記によって「領土問題を含む」が削除されてしまった。

しかも4年後の昭和35年、日米安保条約が改定されるや、対日覚書の形で歯舞、色丹の引き渡しすら「日本領土からの全外国軍隊の撤去を条件とする」と一方的に通告してきた。

以来北方領土はいまだに返らず、ソ連を引き継いだロシアとの平和条約も結ばれていない。

▼北方領土

ソ連は昭和20（1945）年8月の終戦直後、日本領だった千島列島に攻め入り、同列島から択捉島、国後島、歯舞群島、色丹島までを占領する。ヤルタ会談での「密約」に基づくものとした。その後26年9月に締結されたサンフランシスコ講和条約で日本は千島列島や樺太の一部に対する権利、権原、請求権を放棄した。

だが明治8（1875）年、日露の樺太・千島交換条約で日本に引き渡された千島列島に歯舞、色丹はもとより択捉、国後の名前が含まれないことなどから4島が千島列島には属さない日本固有の領土であることは明白で、ソ連を引き継ぐロシアに返還を求める正当な権利がある。

1956年12月18日

国連加盟で「戦後」に区切り

東西冷戦で「蚊帳の外」も味わった

モスクワでの日ソ共同宣言に調印、国交回復を果たした鳩山一郎首相は昭和31（1956）年11月1日、羽田空港に帰国、翌2日退陣を正式に表明する。

共同宣言は北方領土問題を棚上げにしており、満足できる内容ではなかった。だが国民は病身の首相を日の丸を振って出迎え、労をねぎらった。そして国交回復によって、ソ連と関わる他の懸案がバタバタと解決に向かう。

シベリアなどに長期抑留されていた3千人近くが年末までに引き揚げを果たした。さらに12月18日には、ニューヨークで開かれた国際連合（国連）総会で日本の加盟が正式に決まった。これまで安全保障理事会（安保理）で拒否権を発動するなどして加盟を妨害してきたソ連が支持に転じたからだ。

日本にとって国連加盟による国際社会への復帰は悲願だった。27年、サンフランシスコ講和条約発効後、直ちに加盟申請をしたのだが、なかなか認められない。「待ちぼうけ」を食ったのは日本だけではない。1945年、第二次大戦での連合国（戦勝国）を中心に51カ国でスタートを切った後、10年間で新たに加盟を認められたのは9カ国にすぎなかった。

常任理事国の拒否権がネック

問題は、安保理の勧告により総会で認められるという加盟への仕組みにあった。安保理は連合国の中心的存在だった米国、ソ連など5つの常任理事国に拒否権が与えられており、一国でも反対すれば勧告されなかったのだ。

ソ連など共産主義圏と米国など自由主義圏とによる東西対立が強まると、常任理事国が互いに拒否権を行使し合い、相手陣営の加盟を阻止してきた。西側の一員となった日本もその「犠牲者」だった。このため当時は、21カ国もが「滞貨」状態となっていた。

日本は申請直後に澤田廉三、30年7月からは加瀬俊一という戦前から国際舞台で活躍していた外交官を事実上の国連大使である政府代表として派遣、ロビー外交に当たらせた。だが国交のないソ連との接触は「隔靴掻痒《かっかそうよう》」の感もあったらしい。

それでも昭和30（1955）年7月、ジュネーブで米国、英国、フランス、ソ連の首脳によるいわゆる「4巨頭会談」が開かれ、東西に緊張緩和の兆しが見えたことで転機が訪れた。

9月に始まった総会で、21カ国から南北に分裂していた朝鮮とベトナムの4カ国を除き新たにスペインを加えた18カ国を一括して加盟させることでほぼ合意を得る。むろん日本も含まれていた。

東西対立の中で双方が駆け引き

ところがこの案に対し米国が18カ国からソ連に近い外蒙古（現モンゴル）を除くよう主張、採択があやしくなる。加瀬らは米のマスコミにまで訴え、ようやく拒否権行使を断念させる。

だが今度は当時国連で中国の代表権を握り常任理事国となっていた台湾政府が、新たに韓国と南ベトナムを加盟させるよう修正案を提出、ソ連がこれを拒否すると、台湾は16カ国一括案に拒否権を発動、一気に流れてしまう。

12月14日になるとソ連が突然、外蒙古と日本をはずす16カ国一括案を提出、他の自由主義国の加盟実現のため米国もこれに賛成し、あっという間に可決されてしまった。

一括方式でのとりまとめに奔走した加瀬の落胆は大きく『加瀬俊一回想録』にこう書く。

「私が吊《つ》った蚊帳《かや》に十六人が入って安眠するのに、私だけが蚊帳の外に置き去りにされるとは、何たる皮肉か」

加瀬は重光葵外相に進退伺を出すが慰留される。その重光の落胆も大きく、翌31年夏、モスクワで日ソ国交回復交渉に臨んだ重光がソ連の「２島返還」をのもうとしたのも、国連加盟を最優先させるためともいえた。

結局日本の加盟は、日ソ共同宣言の批准書交換から数時間後の安保理まで待たされた。正式決定翌日の12月19日には国連ビル正面広場に日の丸が揚がり、国内では記念の恩赦まで行われた。「はしゃぎすぎ」との批判もあったが、日本にとって戦後の大きな区切りとなったことは間違いない。

▼国際連合

１９２０年に発足した国際連盟（連盟）は、第二次大戦の勃発とともに事実上機能を失った。この戦争で日独伊らの枢軸国と戦った米国、英国、ソ連などは連合国を形成、勝利が濃厚になった１９４５年４月25日から開いたサンフランシスコ会議で、戦後の「平和機構」として国際連合（国連）を発足させることで合意、10月正式にスタートを切った。

このため当初の加盟国は連合国に加わっていた国々に加え、途中で加盟を認められた4カ国の計51カ国だった。つまり第二次大戦の戦勝国の戦後処理機構との色彩が強く、その他の国の加盟には門戸が閉ざされていた期間もあった。

1957年1月29日

国際復帰かけた南極観測

「宗谷」救出で嫌ソ感情和らぐ

昭和31（１９５６）年11月８日午前11時、南極観測船「宗谷」が東京港を出航した。はるか南、地球の裏側の「白い大陸」への旅立ちである。隊長の永田武以下53人の第１次観測隊員と77人の乗組員を乗せていた。

あいにくの小雨だったが、晴海桟橋には隊員の家族や地元の小中学生らが見送りにつめかけている。国歌斉唱の後、当時の清瀬一郎文相らが激励のあいさつ、「宗谷」はバンザイの声に送られながら桟橋を離れた。

この日の夕刊各紙はほとんどが「宗谷」の船出を１面で報じ、特集面も組んだ。「壮途」という文字が躍る。４日前のメルボルン五輪選手団第１陣の出発よりはるかに大きな扱いだった。

日本の南極観測が具体化してくるのは27年、国際学術連合会議（ＩＣＳＵ）が32〜

33年を国際地球観測年（IGY）と定め、各国に特に南極観測への参加を呼び掛けたのがきっかけだった。日本学術会議は30年9月、ベルギーでのICSU南極会議で参加希望を申し入れ、一部海岸での観測を任される形となった。

国民の3千万円の寄付が後押し

政府は30年11月4日の閣議で参加を決定する。当初財政難を理由に予算化を渋っていた大蔵省も、子供たちを含む国民から3千万円もの寄付が寄せられたのを受け、30年度補正予算で約1億円の観測費を認める。さらに31年度予算で「宗谷」の改装費など7億5千万円もつき、ゴーサインが出た。国民の南極観測への熱い期待が実現させたようなものだった。

敗戦国・日本に対する風当たりは依然強く、当時国連への加盟も難航していた。ノーベル賞や競泳での活躍に続き、南極観測は国際社会への復帰を意味するものとなっていた。

「宗谷」はシンガポール、ケープタウン（南アフリカ）を経由して32年1月7日、南極洋に到着した。リュツォ・ホルム湾の沿岸に基地を設けることを決め、湾内の氷に接岸、荷揚げを始める。29日、34人が同湾のオングル島に上陸、日の丸を掲げ、永田が「ここに昭和基地を設ける」と高らかに宣言した。日本の南極観測が本格的に始まった瞬間である。

こうした観測隊の動静は逐一、海上保安庁への連絡を通じ、国民に知らされた。そのたびに日本中に歓声がわいた。だが良いことばかりではなかった。

「宗谷」は2月15日、西堀栄三郎隊長ら11人の越冬隊員を昭和基地に残し氷縁を離れた。ところが「夏」とはいえ例年より厚い氷のため湾内で身動きがとれなくなってしまったのだ。灯台補給船を改装した「宗谷」の砕氷能力は1メートルとされたが、実際はそれ以下だったという。

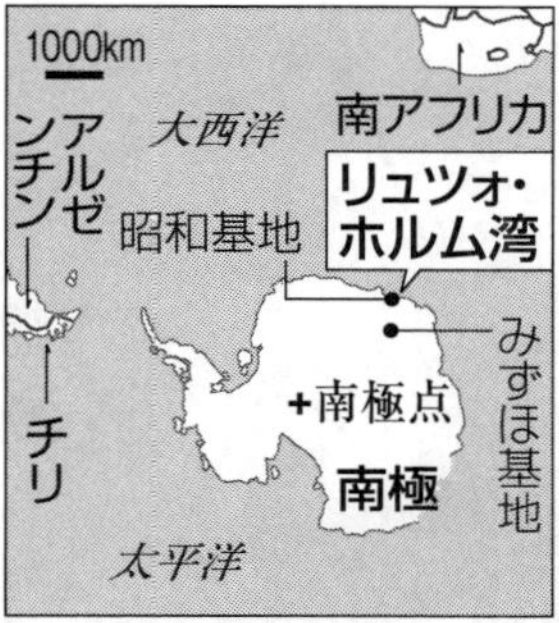

永田らはいざとなれば外洋に待機する随伴船「海鷹丸」にヘリコプターで乗り移るか、「宗谷」で「越冬」すればいいという覚悟だったが、日本国内では「宗谷が遭難」という騒ぎとなる。

日本政府ははじめ米国の砕氷船「グレージャー号」に救助を求めた。だが同船は「宗谷」から4千キロも離れたオーストラリアのメルボルンにおり、到着に2週間もかかるという。

厚い氷に閉じ込められた南極観測船「宗谷」(手前)と救出にかけつけたソ連の「オビ号」＝昭和32年２月(国立極地研究所提供)

ソ連の砕氷船「オビ号」が救出

そこで「宗谷」は25日になり、９００キロの所にいたソ連の砕氷船「オビ号」(約1万3千トン)と独自に連絡をとり救助を求める。「オビ号」は「ガッテンだ」とばかり28日、厚い氷を砕き「宗谷」に近づき、救出に成功する。

日本とソ連は前年10月に国交を回復していた。だが東西冷戦の最中だけに、政府としてはできれば米国に救助してほしいとの意向がはたらいたのかもしれない。それでも国民の間には素直にソ連に感謝する声がわいた。日本の国会議員や一般国民からお礼の手紙や贈り物が相次いだという。

日本人の間には大戦末期の掟《おきて》破りの参戦

や北方領土の占拠、日本兵らのシベリア抑留などを通じ「嫌ソ感情」が強まっていた。だがこのときばかりはそれも和らぎ「にわか親ソ派」が増えた。３年後の「安保騒動」での「反米・親ソ」にも微妙な影響を与えたとの見方もあるほどだ。

▼タロとジロ

昭和33年2月、第2次南極観測隊員を乗せた「宗谷」は、前年にも増して厚い氷に阻まれ昭和基地に近づけなかった。上陸をあきらめ、前年からの越冬隊員や犬ぞり用のカラフト犬の一部を小型機で収容したが、氷がますます厚くなるため15匹の犬を残したまま脱出した。

翌34年、第３次隊が基地に着くとそのうちタロ、ジロの２頭が生存しており、大きな話題となった。残された後、やせて首輪が抜けたため自由に餌を求め生き残ったらしく、後に映画「南極物語」でも取り上げられ感動を呼んだ。タロ、ジロはその後も越冬隊員を助けて活躍する。なお現在は国際的取り決めで南極に動物は持ち込めない。

第5章

針路定めた日米安保改定への無理解はいまも続く

1955年11月15日

真の独立目指して保守合同

主眼は占領下政治からの脱却

昭和30（1955）年5月15日夕、東京・高輪にあったアラビア石油社長、山下太郎の邸宅を日本民主党総務会長、三木武吉がトレードマークの和服姿で訪れた。約1時間後、今度は自由党総務会長の大野伴睦が姿を現し2人の「密談」が始まった。

この2人、政界でも有名な「犬猿の仲」だった。街頭演説で互いに「裏切り者」「狸ジジイ」などとののしり合うこともあった。

突然の会談は三木からの申し入れで実現した。民主党と自由党の保守合同、つまり後の自由民主党結成のため、自由党の実力者で党内とりまとめに最適とみた大野を取り込もうとしたのである。

大野も長年の怨念を超えてこれに応じ、2人はさらに「密談」を重ねる。やがて民主党の岸信介、自由党の石井光次郎の両幹事長を加えた4者会談に移行、この年の秋までに実に60回もの会合を重ねた。対立していた両党の融和ムードを醸しだした上で、11月の自民党誕生にこぎつけるのだ。

三木、大野の最初の会談の橋渡しをした元毎日新聞記者、西山柳造は産経新聞『戦後史開封』の取材に対し「あの瞬間、保守合同はできた」と語っている。

改憲可能な政党目指して「吉田下ろし」

この保守合同の動きは、公職追放となっていた三木や岸、鳩山一郎、石橋湛山らが、昭和26年から27年にかけ政界に復帰した時点にさかのぼる。

復帰組は彼らの追放中に、自由党を牛耳り「ワンマン」体制を強めていた首相の吉田茂に、強く反発していた。特に三木、岸らは米国の求めにもかかわらず憲法改正や再軍備を拒否してきた吉田を引きずりおろし、政界再編で改憲可能な政党をつくろうとした。

三木は鳩山をかつぎ自由党内に民主化同盟（後に分党派自由党）を結成、28年4月、いわゆる「バカヤロー解散」による総選挙で吉田自由党と対決した。

だが選挙結果は自由党が過半数を割り込んだものの、分党派自由党も議席を減らし「痛み分け」に終わる。しかもこの後、「吉田後継」をちらつかされた鳩山が自由党に

保守合同であわただしく開かれた自由民主党の結党大会。いわゆる「55年体制」の始まりだった＝昭和30年11月15日、東京・神田の中央大学講堂

戻ってしまい、最初の「吉田下ろし」は失敗に終わった。

それでも翌29年春、造船疑獄などで自由党政権への批判が強まると、岸が自由党の一部に、三木が新たに結成した日本自由党などを加え、約２００人で「新党結成協議会」を組織する。

岸は自由党を除名されながらも9月には新党結成準備会に移行、11月、自由党の鳩山派や岸派、改進党、日本自由党が合流して日本民主党の結成にこぎつける。

その民主党は12月に入ると左右の両社会党とともに吉田内閣不信任案を提出した。可決不可避とみた吉田は解散によって切り抜けようとするが、腹心の副総理、緒方竹虎ら自由党内からも反対され、ついに退陣、民主党総裁の鳩山が念願の首相の座についた。

だが三木の狙いはあくまで保守合同だった。翌30年4月12日、地方遊説の車中で記者団に対し「保守結集の障害となるなら、鳩山内閣は総辞職してもいい」とまで言い切った。そのうえで5月、大野との会談に臨んだのである。

議席を伸ばす社会党に危機感

三木はこのため「保守合同の鬼」と呼ばれるが、これほど合同にこだわったのは、憲法を改正し、吉田による占領下政治から脱却するためだった。特に左派と右派に分裂していた社会党が総選挙のたびに議席を伸ばし、左右統一で改憲阻止に必要な3分の1以上を確保しそうなことに危機感を抱き合同を急いだのだ。

11月15日、東京・神田の中央大学講堂で開かれた自民党結党大会では、総裁が決まらず鳩山、緒方ら4人の代行委員でスタートするあわただしさだった。だが翌31年1月、有力総裁候補の緒方が急死、鳩山が初代の総裁に就任、鳩山内閣が継続する。

鳩山は31年3月、「公約」の改憲を発議するために必要な3分の2を得ることを目指し、衆院選に小選挙区導入法案を提出するが、野党や世論の猛反撃を受け、参院で廃案となってしまう。

以来60年近く、自民党は本来の狙いだった改憲をいまだに実現できていない。

▼社会党の統一

日本社会党は昭和26年10月、前月調印されたサンフランシスコ講和条約と日米安保条約をめぐり、両方を認めない左派と、講和条約には賛成の右派が対立、分裂した。双方とも「社会党」を名乗り譲らないため左派社会党、右派社会党と呼ばれる。

分裂後両党は競うように選挙で議席を伸ばし、28年4月の総選挙では計140議席近くになる。政権に手が届きそうになったため再統一の機運が高まる。29年3月「綱領政策小委員会」を設置、30年2月総選挙での「躍進」を経て同年10月15日統一を果たした。衆院だけでも156人が参加、委員長には左派の鈴木茂三郎が就いた。

1957年-60年

「対等」目指して安保改定へ

岸・アイクの「裸の付き合い」

昭和32（1957）年6月16日夜、首相となって4カ月足らずの岸信介は羽田から日航特別機で訪米の途についた。ドワイト・アイゼンハワー大統領（愛称、アイク）との日米首脳会談に臨むためである。会談の目的は「新たな日米関係の構築」だったが、岸が心中に期していたのは日米安全保障条約改定の糸口を見いだすことだった。

安保条約は26年9月、サンフランシスコ講和条約締結に合わせて結ばれた。一言で言えば、講和により根拠を失う米軍の日本駐留の継続を法的に裏付けるための条約だ。特にこの時期、長期化する朝鮮戦争を戦うため、米国が前線基地を確保するという緊急避難的な意味も持った。

日本は米国が軍を日本に配備する権利を「許与する」となっていた。だが外部からの日本攻撃に対し米軍の防衛を義務づけてはいない。つまり「無償」で基地を提供し

アイゼンハワー米大統領（前列左）と首脳会談を行った岸首相（中央）。両国が日米安保条約の改定に踏み出した＝昭和32年６月、米ワシントン（AP）

ているようなもので、講和条約で独立を果たした日本を米国が依然として「属国」扱いしていたことになる。

このため日本では米軍に日本防衛を義務づける双務的で対等なものに改定すべきだとの声が強かった。特に30年8月、日本民主党幹事長だった岸らを伴って訪米した重光葵外相はジョン・フォスター・ダレス国務長官らとの日米会談で、いきなり改定を求める。

これに対しダレスは「今の日本は海外派兵できず、共同防衛の責任は負えない」と、パートナーとなることを真っ向から否定した。講和交渉でダレスが求めた憲法改正・再軍備を、吉田茂首相がかたくなに拒んだことへの「意趣返し」とも受け取れた。

このときは岸が「建設的な勢力の統一に努力している」と改憲に向けた保守合同の動きを伝えたことで、日米共同声明に「改定の必要」を盛り込むことはできた。それでもダレスをはじめ米側の「上から目線」は変わらず、改定への道は厳しかった。

米国にとって「対等な関係」が得策

だが2年後、岸が首相として訪米したとき、米首脳たちの雰囲気は一変していた。第二次大戦の英雄でもあるアイゼンハワーはワシントンに着いたばかりの岸をゴルフに誘う。プレー後、クラブハウスで一緒にシャワーを浴び「裸の付き合い」を演出してみせた。

ダレスも自分の方から、日本が求めていた国連経済社会委員会の理事国入りを支援することを言明した。沖縄についても日本に「潜在的主権」があることを共同声明に盛り込むことを認めた。

米側は、日本の経済成長が軌道に乗り始めたことや、保守合同で強力な改憲志向の政権が生まれている状況に注目していた。日本をもはや「属国」ではなく、対等な同盟国とした方が、対共産圏政策で得策との空気が強まっていたとみられる。

岸もこの米側の変化を敏感にとらえた。ダレスにずばり「日米間に非常に対等でな

岸首相に請われて外相となった藤山愛一郎。安保条約改定で米側と交渉を重ねた

いものがある。「安保条約だ」と切り込む。これに対し米側も安保条約が暫定的なものであることを認めた。日本の外相、駐日米大使らによる日米政府の委員会を設け、問題点を検討することを約束、これも共同声明に盛り込まれたのだ。

岸は『岸信介回顧録』で「私の政治生命をかけた大事業がこのときスタートした」と記している。帰国後には急いで内閣を改造、米国との改定交渉にあたる外相に財界人で自らの「盟友」でもある藤山愛一郎を起用する。

日本防衛を米国に義務付け

翌33年5月には衆院選で自民党が勝利、改定作業は加速する。藤山と米側首席代表の駐日大使、ダグラス・マッカーサーⅡ（マッカーサー元帥の甥《おい》）と毎月1回のペースで会談する一方、2人は水面下でも秘密裏の交渉を進め、1年半ほど後の35年1月までには新しい条約をまとめた。

その第5条で日本の施政権下の領域で平和や安全が脅かされた場合、両国は「共通の危険に対処するよう行動する」とし、ハッキリ米国に日本防衛を義務づけた。日本は西側の一員となることで、自らの国を守っていく指針を打ち出したといえる。後は調印と双方の議会の承認、批准書交換を待つだけだった。

▼岸内閣の登場

鳩山一郎首相が引退表明したあとの昭和31年12月14日、事実上次期首相を決める初の自民党総裁選が行われた。立候補したのは岸信介幹事長、石井光次郎総務会長、石橋湛山通産相の3人だった。1回目では岸が1位となったが過半数に達せず、決選投票では石橋、石井陣営の間で2、3位連合が成立し、石橋が岸に7票差で勝ち首相となった。

岸は石井を入閣させないことを条件に副総理格の外相で入閣、翌32年1月末、石橋が病気で倒れると首相臨時代理に指名され、2月25日、石橋退陣を受け首相の座についた。内閣は石井を新たに加えただけで、前内閣の閣僚を全員再任し、外相は岸が兼ねた。

「反米」に舵切る社会党

ソ連人工衛星の「脅威」に屈した

昭和32（1957）年10月5日午前（日本時間）、衝撃的なニュースがモスクワ放送から世界中に発信された。ソ連が人工衛星の打ち上げに成功したというのだ。タス通信によれば人工衛星は国際地球観測年の一環として4日、打ち上げられた。重さ83・6キロ、約900キロの上空を96分で地球を一周しているという。

人類史上初の「快挙」である。世界中がどよめいた。人々は「スプートニク」と名付けられた人工衛星の姿を見つけ、発する音を聞こうと躍起になった。日本では午前11時過ぎから各地で発信音がキャッチされ始め、ニッポン放送はこれをテープに収めてラジオで流し、大きな話題となった。

だがそんな世界中の熱気の陰で青くなってこのニュースを聞いたのは、東西冷戦でソ連と対立する米国の政治家や軍関係者たちである。6週間ほど前、やはりソ連が実験成功を公表したＩＣＢＭ（大陸間弾道ミサイル）と結びつけざるを得なかったからだ。

ＩＣＢＭは３段式ロケットで全長33メートル、射程は８千キロに及び、米国本土を軽々と射程圏に入れる最新ミサイルとされた。

いつでも米国への核攻撃が可能に

ただ実験はソ連国内で行われたため米国内でも「実用化」をめぐる危機感はさほどではなかった。だがこのＩＣＢＭと同じロケット技術によるスプートニク打ち上げ成功は、衛星の代わりに核兵器を積めばいつでも米国を核攻撃できることを証明していたのだ。

実は米国はソ連に先駆けてこの年、人工衛星を打ち上げることを公言していた。しかし肝心のロケット開発がうまくいかず計画を先延ばししていた。そこへ出し抜くようなソ連の成功である。しかも約１カ月後の11月３日には、１号の約６倍、５０８キロのスプートニク２号にライカ犬まで乗せて宇宙に送り出し、追い打ちをかけた。危機感を深める米国は翌33年１月、エクスプローラー１号の打ち上げに成功、米ソ両国は威信と国防をかけた宇宙開発競争に突入していく。

ソ連の人工衛星打ち上げなどを機に「反米」「反安保」を強めた社会党の浅沼稲次郎書記長（後に委員長）

このソ連の人工衛星は日本の政界にも衝撃を走らせた。特に社会党を中心とする左翼勢力はこれにより急速に反米・親ソ・親中へと舵《かじ》を切っていく。社会党は32年6月の岸信介首相の訪米前まで、日米安全保障条約の改定に反対ではなかった。

後の安保反対の論客の一人で、党委員長もつとめる石橋政嗣は3月の内閣委員会で「（改定の前提となる）国防の基本方針を持たないでは米国と腹を据えた交渉はできない」と追及したほどだ。岸は「私に対する叱咤《しった》激励」と受け取っていた（『岸信介回顧録』）。

ところがソ連の人工衛星打ち上げ成功から1カ月足らずの11月1日、衆院本会議の代表質問に立った浅沼稲次郎書記長（後に委員長）はこう主張している。

「大陸間弾道弾、人工衛星など科学が進歩した結果、再軍備や日米安保条約などによる防衛は無意味になってきた。自主独立の外交をすべきだ」。中立外交というよりも日米安保体制そのものへの反対に転じたのだ。ソ連の脅威に膝を屈し「反米」を唱え始めたと言われても仕方なかった。

「米国は日中共同の敵」発言

岸は「科学の進歩が政治・外交に変化を与えることは同感だが、根本を直ちに変えるのは適当でない」と反論した。さらに『回顧録』では「社会党の主張のようにしたならば、ソ連の軍事的、政治的圧力に無限に屈服することになり、東欧のようにソ連の衛星国と化すであろう」と書く。

むろん現在からみて、岸の方が「正論」なのだが、社会党はどんどん反米・反安保姿勢を強める。34年3月、党訪中使節団を率いて北京を訪問した浅沼は「米国は日中共同の敵」と発言して、自民党から猛烈な抗議を受けた。

さらに安保改定が現実のものとなり始めた同年3月28日、社会党を中心に、総評、原水協、護憲連合などによる「安保条約改定阻止国民会議」を結成した。4月には東京の日比谷公園で約7千人による中央集会を開くなど、国民を「安保反対」へとかりたてていくことになる。

▼警職法改正案

社会党をはじめとする左翼勢力が反安保の姿勢を強めたきっかけには、岸政権による警察官職務執行法（警職法）改正の動きもあった。昭和33年10月、国会に上程された改正案は、犯罪を未然に防ぐため第一線の警察官の職務権限を大幅に強化拡大するものだった。むろん善良な市民を暴力から守る目的だったが、安保改定反対運動の激化に備え、警察力を強化する狙いもあった。このため社会党を中心に「警職法改悪反対国民会議」が結成され、国会内外で強い阻止運動が起きた。政府自民党は11月になって改正を断念、法案は審議未了となり「安保反対」を勢いづかせる結果となった。

1960年6月19日

本質見失った「安保反対」

「戦争に巻き込まれる」論が独り歩き

昭和35（1960）年6月初めごろのことだ。当時5歳だった安倍晋三少年（現首相）が東京・渋谷の祖父、岸信介首相の家に遊びに行き、「アンポハンタイ！」と言って走り回り、岸を苦笑させたという話は有名だ。

日米安保条約改定を推進する首相の孫を「感化」するほど、国会やその周辺には「安保反対」の声が渦巻いていた。「反米」を強める社会党が総評などとともに「安保改定阻止国民会議」を発足させたのは前年の34年3月で、反対行動がエスカレートしていく。

岸は35年1月16日、改定安保条約調印のため藤山愛一郎外相、石井光次郎自民党総務会長らとともに米国に向かうが、羽田空港ロビーは前夜から一時、全学連の学生たちに占拠されてしまった。

国会正門前に押しかけた「安保反対」のデモ隊。岸政権への批判も強まり、異様な盛り上がりとなった＝昭和35年6月17日

19日に調印を終えて帰ると、こんどは国会での野党の「追及」が待っていた。社会党が飛鳥田一雄、岡田春夫ら「安保五人男」といわれた左派の論客を繰り出し、承認のための衆院安保特別委員会で論戦を挑んだのだ。

とはいえ、追及は「片務性」の解消、つまり日米の不平等を正すという安保改定の核心ではなく、「極東の範囲」だとか「条約の期限」など、少しはずれた部分に流されがちだった。

このため「日本は東西冷戦の中でどう生きていくべきか」という論議より「安保改

定すれば戦争に巻き込まれる」といった情緒的反対論が独り歩きし、国民を巻き込んでいく。昨今、集団的自衛権の行使をめぐり「日本が戦争のできる国になる」という、およそ論理的ではない反対論がまかり通っているのとよく似ていた。

日本の将来より「反政権」

社会党の執拗《しつよう》な抵抗にシビレを切らした与党・自民党は5月19日強行採決により衆院で可決承認する。約1カ月後、批准書交換を兼ねてドワイト・アイゼンハワー米大統領が来日する予定で、それまでに参院で自然承認させるためのギリギリの日程とみたのだ。

しかし国会内に警官隊を導入、清瀬一郎衆院議長の議場入りを阻止する社会党議員らをゴボウ抜きで排除しての承認だった。反対運動は一気に高まる。もはや日米安保の是非よりも岸政権の姿勢の方に批判が集中、マスコミも政府や自民党に矛先を向ける。

これに対し岸は「私は声なき声に耳を傾ける」「デモも参加者は限られている。都内の野球場も映画館も満員だ」と反論するが、火に油を注ぐようなものだった。

6月10日、アイゼンハワー来日の事前打ち合わせのため羽田空港に着いたジェーム

首相官邸でブランデーを飲みながら安保条約改定の自然承認を待った兄の岸首相(左)と弟の佐藤蔵相(後に首相)

ス・ハガチー大統領新聞係秘書の車が、空港出口の橋で全学連の学生や労組員に取り囲まれ動けなくなった。ハガチーは米海兵隊のヘリコプターにより救出される。

15日には全学連主流派の学生約7千人が国会内に突入した。阻止しようとする警官隊との衝突の中で、19歳の東大女子学生が圧死する事態となった。

「討ち死にするなら官邸で」と岸

ここに至って政府は、すでにフィリピンにまで着いていたアイゼンハワーの来日中止を米側に要請する。警備の自信をなくしたためだが、外交的には歴史的な汚点であり、岸は首相辞任を決断せざるを得なかった。

衆院通過から30日後の6月19日午前零時、改定日米安全保障条約は参院で1回も審議されないまま自然承認となった。18日夜も国会周辺は「国民会議」発表で33万人、警視庁調べで13万人もの「安保反対」のデモ隊で埋め尽くされていた。

岸は首相官邸を離れてほしいという警備陣の要請を断り、実弟の佐藤栄作蔵相と2人でブランデーを飲みながら自然成立の瞬間を迎えた。「どうせ討ち死にするなら官邸で」の覚悟だったという。文字通り「命がけ」だった。

翌朝、デモ隊が引き揚げた官邸を後にする岸は「棺《かん》を蓋《おお》いて事定まる」という中国の晋書にある言葉を残したとされる。人の業績は亡くなって初めて正当に評価されるという意味である。

▼全学連

昭和23年、全国１４５校の自治組織で結成された全日本学生自治会総連合の略。当初は日本共産党の指導力が強く、授業料値上げ反対闘争から全面講和要求、勤務評定反対など左翼政治運動や「血のメーデー事件」で、先鋭的部分を担った。

その後共産党の方針転換などで、次第に反日共系の主流派と日共系の反主流派に分裂する。安保闘争で6月15日、国会に突入したのは主流派、ハガチー事件を起こしたのは反主流派で、国際的にも「ゼンガクレン」の名を広めた。だがその過激な行動は労働運動や市民運動からも見放され、衰退するとともに分裂を繰り返していく。

1960年7月19日

沈静化する安保騒動と所得倍増計画

憲法改正論議はなおざりに

昭和35(1960)年6月19日午前0時、改定された日米安保条約は参院での審議が行われないまま、自然承認された。4日後の23日午前、藤山愛一郎外相とマッカーサー米大使との間で批准書が交換され、正式に発効する。

東京・白金の外相公邸での批准書交換を終えた藤山が国会内の大臣室に帰ると、すでに臨時閣議で岸信介首相が退陣を表明した後だった。藤山は自著『政治わが道』で「なぜ待ってくれなかったのか」と書いている。だが、恐らく憲法改正まで視野に長期政権を目指していながら、退陣を余儀なくされた岸の無念さも強かったに違いない。

岸が安保改定をめぐり後々まで悔やんだことがあった。この年の1月、米国で条約に調印した後、すぐに衆院解散、総選挙に打って出なかったことだ。

「(選挙は)決して負けなかったと思う。安保改定にマスコミやいわゆる文化人は随分反対したけど、国民全体からすれば支持した人の方が非常に多かった」

岸は側近にそんなことを語ったという（工藤美代子『絢爛たる悪運　岸信介伝』）。総選挙で勝っておれば、反対運動や混乱も小さく、退陣を迫られることもなかったというのである。

大蔵官僚出身の首相が誕生

確かに前年の34年10月、政府が全国1万人を対象に行った世論調査では、改定に賛成は15％で反対の10％を上回っていた。しかも安保改定が問題となっていることを知っている者は50％で、この時点で国民の関心は極めて低かった。

岸は帰国後すぐ、自民党幹事長の川島正次郎に検討を命じたが、「党内の態勢が整わない」という川島の反対で断念した。歴史の「イフ」ではあるが、解散していたら政治が別の道をたどっていたことは間違いないだろう。

岸の退陣を受けた自民党の総裁選は最終的に池田勇人通産相、石井光次郎党総務会長、藤山外相の3人で争われ、官僚派を代表する池田が当選した。ともに安保改定にあたった「盟友」の藤山ではなく、池田を後継に推した岸の影響が大きかったとされる。

第2次池田内閣成立を受けて記者会見する池田勇人首相(左端)。この年末に国民所得倍増計画が閣議決定された。隣は大平正芳官房長官＝昭和35年12月8日

池田は大蔵官僚出身で、衆院当選1回で吉田茂内閣の蔵相に起用されるなど、岸の実弟、佐藤栄作と並んで吉田の腹心といわれた。蔵相時代、中小企業の倒産問題に関し「いいかげんなことをやってきた人が5人や10人倒れても仕方ない」と述べて批判されるなど、吉田譲りの「高圧的」なイメージが強かった。

だが35年7月19日、池田内閣が発足した直後の記者会見で「多数党は謙虚な気持ちで忍耐強くやらなければならない」と述べ、国民をアッと言わせた。

岸政権とは百八十度も違うようなこの政治姿勢は「寛容と忍耐」「低姿勢」などと名付けられた。官房長官に起用された大平正芳をはじめ、後に経企庁長官な

どをつとめる宮沢喜一ら、かつて池田の蔵相時代の秘書官だった側近らによる「演出」といわれる。

「低姿勢で」人心は取り戻したが

この後、戦後最大の労働争議とされた三池争議を政治主導で解決に導く。さらに今後10年間で所得水準を2倍にするという「所得倍増計画」を打ち上げ、安保騒動で失われた国民の自民党や政治への支持を取り戻していく。

この年の11月20日に行われた衆院総選挙は、「安保反対」の流れや、10月に浅沼稲次郎委員長が右翼少年に刺殺されたことへの同情などから、社会党有利という見方もあった。

だが実際には自民党が選挙前を9議席上回り、追加公認を加えると300議席と圧勝した。社会党は145議席で選挙前より増やしたものの、前回獲得議席から党分裂で民社党が抜けた分を補えなかった。岸が再三述べていた通り、「安保反対」の盛り上がりが「一過性」にすぎなかったことを証明する形となった。

このため池田政権は安定感を増し、経済政策優先で日本は高度経済成長へと邁進《まいしん》する。だがその一方で鳩山一郎、三木武吉、岸信介らが自民党結党時に「党是」とした憲法改正や「国の守り」の論議は、次第になおざりにされていく。

▼民社党結成

左派主導の過激な反米、反安保姿勢に反発する社会党の西尾末広派と河上丈太郎派の一部は昭和35年1月、離党し民主社会党を結成した。反共と議会制民主主義を掲げ、衆参54人でスタート、委員長に西尾が就いた。安保後、社会党を徹底批判することで党勢拡大をはかったが、その社会党の浅沼稲次郎委員長が刺殺されて矛先が鈍ったことや、安保改定に対する姿勢があまり明確でなかったことなどから、11月の総選挙で惨敗、その後も飛躍はならなかった。

岸信介首相の側近だった福田赳夫（後に首相）は岸退陣後に西尾を首班とする民社党との連立工作を試みたという。

第6章

高度成長の光と影は日本を大きく変えた

経済成長支えた集団就職

専用臨時列車で都会を目指した

昭和31（1956）年3月30日朝、鹿児島市の国鉄鹿児島駅に、ほとんどが学生服やセーラー服という少年・少女約250人が緊張した表情で集まった。鹿児島県の大隅地方や南薩地方などの中学校を卒業したばかりの15歳たちだ。県が用意した就職列車「あけぼの号」で阪神地区や中京地区に働きに向かうのである。

代表の少女が「一日も早く仕事に慣れ、みんなのためになる社会人になります」と健気《けなげ》にあいさつする。列車に乗り込むと、窓から身を乗り出し、見送りの家族や級友たちと手を握り、紙テープで別れを惜しんだ（南日本新聞）。

午前8時半過ぎに出発した「あけぼの号」には県内の駅に停車するたびに同じような少年・少女たちが乗り込み、最終的には600人余りに膨らんだ。座席数が足らず、2人掛けの席に3人詰め込まれるなど、翌朝就職地に着くまで苦難の「旅立ち」だった。

鹿児島県の『職業安定行政史』によれば、県外に就職する中学卒業者がまとまって任地に向かう「集団就職」が始まったのは昭和26年だという。見知らぬ地に向かう不安を少しでもやわらげるためだったのだろう。

といっても当初は、急行列車の一部車両を借り切るだけだった。30年ごろから求人が急速に多くなり、就職者数も増える。このため国鉄側と交渉し、31年から専用の臨時列車が走るようになる。初年度は6両編成で8便、翌年からは一気に倍増する。統計のある30年から集団就職の形がなくなる49年までだけで、鹿児島から県外に就職した中学卒業者は約18万人に上る。その8割は就職列車に乗ったという。

「神武景気」で戦後が終わった

むろん鹿児島だけではない。東北、北陸、九州などから大勢の中学卒業者が東京、京阪神といった「太平洋ベルト地帯」に就職していった。青森県は鹿児島県より2年早い29年春に東京の上野駅まで集団就職列車を走らせている。

中卒者に加え、高校卒業者も都会に就職したり進学したりする。成人のいわゆる「出稼ぎ」も含め、30年代から40年代は大都会やその周辺に人口が集中する「上り列

集団就職列車で上野駅に着いた就職生たち。高度成長を支えていった＝昭和40年３月、東京都台東区

車の時代」といわれる。その背景にあるのは経済発展だった。

戦後中小企業がバタバタ倒れるなど「厳冬期」にあった日本経済は、25年に始まった朝鮮戦争による「特需」で息を吹き返す。

28年ごろからは冷蔵庫、洗濯機など電化製品を中心に消費が急速に伸びる。特に30年は鉱工業生産が12%、農業生産も20%伸び、国民所得は10%増となった。この経済成長は31年も続き、第1代神武天皇の時代以来最高の好景気だということで「神武景気」と呼ばれた。

この年7月17日、経済企画庁が発表した「経済白書」はこれを受け、結語で「もはや『戦後』ではない」と宣言する。さらに「国際競争に打ち勝つために近代化を推し進めなければならない時にきている」と提言した。好景気に加え、都会では高校や大学への進学率が伸びたことで、中小企業や商店は10代の若い労働力不足が深刻になる。このため「集団」で求人を行い、これを確保しようとする。

急速な経済成長が公害と格差を

逆に経済成長の波が及ばず、求人が伸びない地方との間で利害が一致、集団就職の急増となったのである。つまり昭和30年代から40年代の経済成長を支えたのがこの集団就職世代だった。

半面、この急速な経済成長は公害という環境汚染を招いた。また工業と農業、都市と地方といった二重構造による格差を発生させることにもなった。

水俣病、新潟水俣病、イタイイタイ病、四日市ぜんそくという「4大公害病」では患者、被害者らによる長い裁判闘争を経て、企業や国もその責任を認める。他の公害同様真剣にその対策を進め、克服に当たってきた。

ただ都市と地方の格差は深刻化するばかりで「限界集落」の問題などが解決されないまま、今ようやく「地方創生」が叫ばれるようになった。

▼もはや「戦後」ではない

この言葉自体は評論家で英文学者、中野好夫が昭和31年「文藝春秋」2月号に載せた論文のタイトルだった。いわゆる「進歩的文化人」に数えられた中野は、今や時代を「戦後」という言葉でくくって安住するのではなく、未来に向け個々の課題に当たるべきだといった趣旨のことを書いた。だが経済企画庁調査課長、後藤誉之助の筆によるというこの年の「経済白書」は経済分野での「未来志向」を目指すべきだとの立場でこの言葉を使った。そのジャーナリスティックな響きで、経済成長を歓迎する多くの日本人の耳に心地よく聞こえ、たちまち流行語として広まった。

1953年〜

街頭テレビに熱狂する市民

力道山人気とともに放送網が広がる

昭和28（1953）年2月1日午後、東京地区にNHKのテレビ映像が流れた。志村正順アナウンサーの「こちらNHK東京放送局であります」につづき、緒方竹虎官房長官らがあいさつ、最初の番組として尾上梅幸らによる「道行初音旅《みちゆきはつねのたび》」が放映された。

NHKはそれまで何度も実験放送はしていたが「実用化」は初めてで、日本での「テレビ事始め」だった。とはいえ放送開始時の受信契約数は866件にすぎなかった。大卒の初任給が8千円の時代に、受像機は18万円もしたという。普通の国民にとって文字通り高根の花だった。

そのテレビをぐっと国民に「身近」なものとしたのは実はNHKではなかった。同年8月に開局した民放の日本テレビであり、その創立者の正力松太郎だった。

長尾和郎氏の『正力松太郎の昭和史』などによれば、元警察官僚で読売新聞の経営にもあたった正力は公職追放中の26年4月、米上院議員、カール・ムントの「ビジョン・オブ・アメリカ構想」を知って日本にテレビ放送網を敷くことを思いつく。構想は共産主義に対抗するため日本などにテレビを行き渡らせ、アメリカのビジョンを流すというものだった。正力はこの構想を逆手にとり、日本人の手でテレビ局を開設しようとしたのだ。この年の8月、追放解除となるや、精力的に政界や財界を走り回り、開設に必要な10億円の資本金を集め、日本テレビ放送網を設立する。

ヒントは米の対共産主義構想

これに反発したのが戦前からテレビジョンの研究を進めていたＮＨＫだった。放送開始は時期尚早との立場から、民放に先を越されることに危機感を抱いたのだ。古垣鉄郎会長が民放テレビ反対を表明、ＮＨＫの日本放送労働組合も日教組や全逓などの労組と組み「売国テレビお断り」など過激なキャンペーンをはった。

しかし正力はこれをはねつけ、27年7月31日にはＮＨＫなどに先駆け電波監理委員会から予備免許を取り付けてしまう。実際の開局はＮＨＫより後になったが、28年8月28日の開局式には吉田茂首相もかけつけ門出を祝った。

大型の街頭テレビの前でプロレス中継に見入る人々。テレビの普及に大きな役割を果たした＝昭和29年、東京・新橋駅前

とはいえ民放テレビには難問があった。ＮＨＫの場合、受信料などで経営をまかなえるが、民放は広告収入に頼らざるを得ない。だがわずかな受信者しか見込まれない中、引き受ける広告主はまずいないからだ。

そこで考えたのが街頭テレビだった。１台のテレビが何百人、何千人の視聴者を動員すれば広告主を納得させられる。社員たちが新橋駅前など東京都内の繁華街に27インチの大型テレビを設置して回った。その数は最終的には２２０台に上ったという。

大当たりだった。開局翌日から始めたプロ野球の中継や、ボクシング世界チャンピオン、白井義男と挑戦者、テリー・アレンの試合のときは、どの街頭テレビの前にも黒山の人だかりができた。

空手チョップで攻める力道山。テレビ時代のヒーローだった＝昭和38年2月、東京・後楽園球場

日テレとプロレスのタッグ成功

決定的だったのが翌29年2月19日から3日間、東京の蔵前国技館で行われた日本プロレスの旗揚げ興行である。大相撲出身の力道山と柔道の木村政彦が米国のシャープ兄弟と戦うタッグ戦だった。

2人ともほぼ2メートルという大男のシャープ兄弟に対し力道山が空手チョップで応戦しやっつける。そんなシーンに街頭テレビ前の何万人もの観客は狂喜した。テレビで見た人が翌日には蔵前に押し寄せケガ人が出る騒ぎとなった。

力道山はプロレスに転向後、本場の米国で修行し帰国した。類いまれなビジネス感覚の持ち主でもあり、自分が米国レスラーに勝つことで、戦争に負けた日本国民がいかに興奮するかを熟知していた。日テレ側もそれを見越してプロレスと組んだのである。

力道山はテレビが生んだ最大の英雄だった。だが逆に、力道山人気が草創期のテレビの普及に果たした役割も見逃せない。

わずか866の受像機から始まったテレビは、時として「低俗」だとか「偏向」とかの批判を受けながらも、今では日本国民の生活に欠かせないものとなった。

▼戦前日本のテレビ研究

大正15（1926）年12月、浜松高等工業学校（現静岡大工学部）助教授だった高柳健次郎は、雲母板に書いた「イ」の文字をブラウン管による電子式受像管に映し出すことに世界で初めて成功した。

一方NHKも昭和5年ごろからテレビジョンの研究に着手、高柳らと協力し、15年に開催予定の東京五輪中継のための実用実験を進めた。ほぼ実現の見通しとなったが、五輪そのものが戦争のため中止となる。研究はその後も続き、受像機メーカーへの試験放送も行われた。技術は世界的水準に達していたとされるが、戦争激化で打ち切りとなった。

1959年4月10日

皇太子ご成婚で盛り上がる列島

「異例」のお妃選び、国民は親近感

昭和33（1958）年11月27日午前10時、皇居内の仮宮殿東の間で皇室会議が開かれた。

会議は皇室典範に基づき、皇族男子の婚姻や皇籍離脱などについてはかるもので、皇族2人と首相、衆参の議長、副議長ら10人で構成される。22年5月、新憲法と同時に新皇室典範が施行され、同年10月、初の皇室会議で11宮家51人の皇籍離脱が決まった。

だが今回の会議の議題は皇太子殿下（現天皇陛下）のご婚姻という国民にとってもうれしい慶事だった。皇太子妃に選ばれたのは日清製粉社長、正田英三郎氏夫妻の長女、美智子さん（現皇后陛下）である。宮内庁側から説明を受けた岸信介議長（首相）ら議員は全員一致で承認した。

53万人がお祝いする中を進む皇太子ご夫妻（現天皇、皇后両陛下）の馬車列。沿道では教会の鐘が鳴り渡り、「君が代」などの歌声が響いていた＝昭和34年４月10日

午前11時半に宇佐美毅宮内庁長官がご婚約を発表するや、各新聞は手回しよく号外を発行、夕刊では美智子さんの人柄やお二人のなれそめまで大々的に報じ、日本中が興奮のるつぼと化した。

実は日本新聞協会に属する報道各社はこの年の7月、「正式発表があるまで皇太子妃選考については報道しない」という「協定」を結び、日本雑誌協会所属の各誌もこれに同調していた。

過剰な取材競争から皇太子ご自身やお妃《きさき》候補となる女性のプライバシーを守るという理由からだ。長年皇太子さまの「教育係」をつとめ、お妃選びでも中心的役割を担っていた東宮教育参与、小泉信三の強い要請を受け入れたものでもあった。

「恋愛結婚」だったことに快哉

それだけに国民の多くは、発表後初めて正田美智子さんの名前や婚約までのいきさつを知らされたのだが、それは二重の意味で極めて衝撃的だった。

ひとつは美智子さんが旧皇族でも旧華族でもない「一般市民」であることだった。今でこそ何の不思議もないが、当時皇族に嫁ぐのは旧皇族や旧華族出身者だと信じられていた。皇太子妃選びが始まった当初、担当する記者たちもそうした旧皇族・華族の名簿からふさわしそうな「令嬢」を見つけ出すのに必死だったという。

だが小泉や宇佐美らは早い段階から「30年先を考えたら一般市民の出身であることは大して問題にならない」との考えで一致、昭和天皇のご了解も得ていたという。皇族や保守派から異議が出ないよう、皇室会議では宇佐美がわざわざ「民間から選ばれたことは前例があり必ずしも異例ではない」と釈明までしている。

もうひとつは婚約が皇太子さまの強いご意志で整った、いわゆる「恋愛結婚」であることを知らされたことだ。当時の報道によればお二人は前年の夏、軽井沢のテニス場で、たまたま対戦して知り合われた。

その後もテニスなどを通じて交際、一度断られた皇太子さまが電話攻勢で、美智子さんの心を射止められたという。そのことが伝えられると、戦後の自由な空気を満喫しつつあった国民、特に若い層は快哉を叫んだ。

「親しまれる皇室」の二面性

加えてご婚約発表後の記者会見での美智子さんの聡明な受け答えもあり、日本中にいわゆる「ミッチーブーム」が起きる。東京・銀座にはお二人の大きな写真が飾られ、ミッチー音頭やミッチーつむぎまで現れるほどだった。

結婚の儀は翌34年4月10日、皇居の賢所大前で行われ、美智子さんは正式に皇太子妃美智子殿下となられた。お二人はこの後、午後2時半から馬車列によるパレードに臨まれる。

パレードは二重橋を出て、四谷見附―信濃町―青山三丁目から渋谷の常磐松にあった東宮仮御所まで約1時間にわたり、沿道にはお二人を一目見ようと約53万人がつめかけた。テレビ中継も大々的に行われ、地方でもこの一大セレモニーを見守った。

自由で民主的な戦後社会を象徴するようなご成婚は、一部の左翼陣営などによる皇室批判を吹き飛ばし、国民にとって皇室を身近なものとしたのは事実だ。

半面「親しまれる」皇室となったことで、その歴史的意義が国民の意識の中で薄れていったことも否めない。

▼ご成婚とテレビ

ご成婚は国民の関心の高さをバックに、本格的放送開始からまだ6年というテレビにとっては普及のための絶好の機会となった。

特に馬車列によるパレードは、ＮＨＫと民放計30局が機材や人員を融通しあい、３班に分かれて中継を競った。皇居前から渋谷の東宮仮御所までのコースに12カ所の中継所を設け、合計１０８台のカメラが配置された。カメラが馬車を追うためのレールも設置された。

当日は心配された雨も上がり、中継は成功、全国で約１５００万人が放送を見たと言う。昭和33年5月にはまだ１００万台だった受信契約数がご成婚により一気に２００万台に乗ったとされる。

1964年10月1日

「弾丸列車」から新幹線へ

戦前の発想や旧軍技術を生かす

昭和34（1959）年4月20日、静岡県熱海市で国鉄新幹線の起工式が行われた。在来の東海道線のトンネルと並行して掘削される新丹那トンネルの熱海側入り口である。神事に続いて行われた十河《そごう》信二国鉄総裁によるクワ入れは参列者たちを驚かせた。

通常は積まれた砂に型どおり軽くクワを入れるのだが、当時75歳の十河は大上段に振りかぶり「エイッ」と力いっぱい打ち込んだ。胸の菊の飾りが落ちたが、構わず2回目を打ち下ろす。3度目には力余ってクワの先が抜け参列者の前にころがったという。十河の新幹線にかける思いの強さを示していた。

戦前の鉄道院出身で南満州鉄道（満鉄）理事などもつとめた十河は30年、「古巣」のような国鉄の総裁に任命された。就任直後、総裁直属の審議室に「広軌新幹線」建設の検討を指示する。

試作新幹線の運転席の窓から手を振る十河信二国鉄総裁（当時）＝昭和37年6月

レール間が在来の国鉄線（狭軌）より37センチほど広い国際標準軌間（広軌）の幹線を新たに東京・大阪間に敷くという計画だった。当時いわゆる太平洋ベルト地帯を中心に急速に成長する日本経済を支えるには、広軌による高速鉄道を走らせるしかない。それが十河の信念だった。

だが審議室の報告を受けた国鉄の理事たちの間には「狭軌による拡充をはかるべきだ」という反対論が強かった。

十河は国鉄内の説得にあたる一方、有力政治家に新聞記者並みの「夜討ち朝駆け」をかけて新幹線の必要性を訴えた。政治を動かし運輸省を動かすことで実現をはかろうとしたのだ。

昭和14年に決まった「弾丸列車」計画

この結果、「強力推進」をうたった運輸省幹線調査会の答申を経て33年12月、岸信介内閣は閣議で早期着工を了承、起工式にこぎつけたのだ。十河が「新幹線生みの親」といわれるゆえんである。

その十河の胸のうちに、戦前の「弾丸列車新幹線」計画があったことは間違いない。14年に決まった計画は、東京と山口県の下関の間に広軌による「新幹線」を敷設、満鉄の「あじあ号」に負けない「弾丸特急」を走らそうというものだった。戦線が拡大する中国大陸に兵員や物資を迅速に輸送することも目的のひとつで、東京―下関を9時間で結ぶ計画だったという。

路線や途中駅の位置もほぼ決まり、東京―大阪間では約95キロの用地を買収して一部は着工した。最も難航が予想された新丹那トンネルは、十河がクワを振り上げた熱海と函南の両入り口から計2キロ以上掘削が進んでいた。

戦後の新幹線はこの弾丸列車路線をかなり踏襲できるわけで、政治家や運輸省を説得する大きな材料となったのである。

経済成長の象徴になった新幹線

その他にも多くの戦前の「遺産」が生きていた。

新幹線の列車や安全装置の開発は松平精、三木忠直、河邊一ら鉄道技術研究所のメ

東京駅で行われた新幹線の出発式でテープカットする石田礼助国鉄総裁。「ひかり1号」は日本中の期待を担って新大阪へ向かった＝昭和39年10月1日

ンバーが中心となった。このうち松平と三木は旧海軍の航空技術廠《しょう》で零戦（零式艦上戦闘機）などの設計や製造にあたり、河邊は旧陸軍の電気工学の専門家として知られていた。

松平と三木はそれぞれ戦闘機づくりの経験から時速２００キロを超えるスピードが出て、それでも安全で揺れの少ない列車の設計に従事した。一方河邊は、安全運転の要となる自動列車制御装置（ＡＴＣ）を開発する。

着工から４年近くたった38年3月30日、松平らが設計した試作車は神奈川県の小田原—綾瀬間に設けたモデル線で世界最速となる時速２５６キロのスピードを出すことに成功する。世界に冠たる新幹線の速度と安全は旧軍の技術に支えられたのだ。

だが順調とばかりはいかない。当初約２千億円と見込んでいた総工費がほぼ２倍の３８００億円に膨らんだ。批判をあびた十河は38年、任期満了とともに総裁を辞めざるを得なかった。

39年10月１日、東京五輪開会式の９日前、東京駅で行われた出発式に「生みの親」は招待もされなかった。だが日本の経済成長に果たした役割は今、誰もが認めることとなった。

▼その後の新幹線

開業時最速の「ひかり」は東京―新大阪間を４時間で結んだ。約１年後の昭和40年11月１日からは３時間10分に短縮、現在の「のぞみ」は２時間半前後で走る。

路線は47年、新大阪から岡山、50年には博多まで山陽新幹線が開業する。57年、大宮―盛岡間の東北、大宮―新潟間の上越両新幹線、平成９年には長野新幹線がそれぞれ開業を迎えた。さらに22年12月までには東北新幹線が新青森へと延伸、23年３月には博多―鹿児島中央間の九州新幹線が全線開通、27年３月14日には北陸新幹線の長野―金沢間が開業した。28年春には北海道新幹線も開業予定で、九州から北海道まで新幹線が走ることになる。

1964年10月10日

国と人の曲がり角になった東京五輪

政治家も日系人も一丸で招致

昭和34（1959）年5月26日、皇太子殿下（現在の天皇陛下）ご成婚の興奮が残る日本列島に、西ドイツ（現ドイツ）のミュンヘンから朗報が飛び込んできた。この日開かれた国際オリンピック委員会（IOC）総会で、39年の第18回夏季五輪開催地に東京が決まったのである。

事前の票読みでも勝利は堅いとみられていた。だが58票中34票を集め、決選投票なしでの「圧勝」である。しかも現地時間の午後行われる予定の投票が午前に早まり、日本代表団はIOC委員でもあった東龍太郎東京都知事らしかその場にいなかった。「うれしい誤算」に国民は酔った。

五輪招致は日本にとって長年の悲願だった。戦前の昭和11（1936）年には15年の第12回大会の開催地として東京が決まった。しかし12年から日中戦争が深刻化、返

開会式で入場行進する日本選手団。東京五輪は国民の一体感をこの上なく高めた＝昭和39年10月10日、東京・国立競技場

上を余儀なくされる。

戦後、サンフランシスコ講和条約で主権を回復した直後の27年、東京都の安井誠一郎知事が35年の第17回大会の招致を表明、都議会も決議した。だが欧米中心のＩＯＣの壁は崩せず、開催地はローマとなった。その後政府と東京は39年の18回大会に照準をあて、招致運動を強め、初めて東洋の地での開催を勝ち取ったのだ。

招致を成功させた「オール日本」の熱意

ＩＯＣ総会での「勝因」の一つとして挙げられたのは、総会での平沢和重による招

優勝してうれし泣きする女子バレーチーム＝昭和39年10月23日、駒沢屋内球技場

致演説だった。平沢は外交官出身の評論家で、NHKのニュース解説などを担当していた。平沢は東京の五輪受け入れ態勢などについて英語で説明した後、こう述べた。

「東京はファー・イースト（極東）と呼ばれる。だが航空機の発達でもはや『ファー』ではない。むしろ国際的な理解や人間関係についての距離感の方が消滅していない。これを取り除く効率的方法は人間と人間の直接の接触だ」

そのためにこそ東京で五輪を開きたいと力説したのである。これが東洋や日本に対して違和感を抱いていた西欧の委員たちの心を解きほぐしたといっていい。

さらにもう一人、米ロサンゼルスでスーパーを経営する日系2世、フレッド・ワダ（和田勇）の存在もあった。

ワダは昭和24年、反日感情が強い中、全米水泳選手権出場のため渡米した古橋広之進らの面倒をみたことから、日本のスポーツ界とつながりができた。32年、岸信介首相より手紙による依頼を受け「手弁当」で中南米のＩＯＣ委員たちの間を回り、東京への支持を依頼する。この結果、中南米票の多くは東京に投じられたとされる。「オール日本」の熱意が招致を成功させたといってもいい。

その後メーン会場の国立競技場の改築、選手村建設など数々の難題を乗り越え、39年10月10日の開会式にこぎつける。全国の若者たちの手で運ばれた聖火が抜けるような青空のもと、ともされた。

東京の風景を一変させたインフラ整備

大会で日本選手団は米国、ソ連につぐ16個の金メダルを獲得するなど開催国としての面目をほどこした。特に女子バレーボールの優勝や、マラソンでの円谷幸吉の3位入賞は国民を狂喜させ、このうえない一体感を生んだ。

一方で五輪は日本、特に東京の風景を一変させた。

安井やその後を継いだ東ら都政関係者の五輪誘致の狙いは戦後の経済復興の中、過密化する東京の近代化をはかることにもあった。このため開催を機に東京には何本もの高速道路や地下鉄が走り、上下水道なども加えインフラ整備が進んだ。開催決定の

1カ月前に起工式が行われた東海道新幹線も開会式の9日前、開業にこぎつけた。さらなる経済成長にハズミをつけたのである。

インフラ整備だけではない。日本人にとってこれほど多くの外国人と接したのは初めての経験であり、国際化を加速した。むろんその半面、都市からも人の心からも古きよき日本が失われていったとの批判があるのも事実だ。

このときから56年後に再び迎える平成32年の東京オリンピックは日本や日本人の心をどう変えることだろう。

▼東京五輪の聖火

昭和39年8月、ギリシャで採火された聖火は「アジア初の五輪」を意識してアジア各都市を回り9月7日、返還前の沖縄・那覇空港に到着した。最初の聖火ランナーは当時琉球大4年の宮城勇氏。沖縄を一周した後、鹿児島、宮崎、札幌に空輸、4コースに分かれて全都道府県を走り、10月10日の開会式で早大1年生だった坂井義則氏（故人）の手で国立競技場の聖火台に点灯された。

聖火リレーは全国4千余りの区間を、高校生中心に聖火を持つ正走者に随走者を加えたチームで行い、ランナーの総数は9万6千人余りに達する一大セレモニーとなった。

1959年9月26日

成長への試練、伊勢湾台風

甚大な被害、国民の意識を変えた

中高年の日本人に懐かしい響きを与える「半ドン」という言葉がある。半ドンタクの略だ。ドンタクとはオランダ語をもとに日曜日や休日の意味に使われた。その半分というわけで、多くは学校や役所、企業が午後は休みとなっていた土曜日のことを言った。

週休2日制が徹底された現在では実感はわかないが、半ドンの午後は1週間の仕事や授業が終わりホッとしたような、浮き立つような気分がしたものだ。

昭和34（1959）年9月26日、後に伊勢湾台風と名付けられる台風15号が日本列島を襲ったのも半ドンの午後だった。このことは台風被害の甚大化と無関係ではなかった。

15号は9月22日、マリアナ諸島付近で発生した。翌23日には中心気圧895ミリ

伊勢湾台風の翌朝、住宅街は高潮で水没し、屋根の上で多くの人が救助を求めていた＝昭和34年９月27日、愛知県名古屋市

バール（ヘクトパスカル）、最大風速60メートルにまで「急成長」し、北上を続け、午後６時過ぎ紀伊半島の潮岬《しおのみさき》付近に上陸した。この後急激に速度を速め、奈良南部から岐阜市付近を通り日本海に抜ける。

最も被害が大きかったのは進路の東側にあたる愛知県や三重県の伊勢湾沿岸地方だった。特に名古屋市の南部などでは、午後９時ごろから巨大な高潮が堤防を乗り越え、市街地はあっという間に濁流にのみ込まれてしまった。

夜間の襲来でほとんどの地域が停電し、通信手段も途絶、行政当局もマスコミも当初は被害の実態がほとんど把握できなかった。翌27日の朝日新聞（東京）朝刊も「死者・行方不明250人」としか伝えていない。

すべてが想定外だが「人災」の側面も

しかし実際の人的被害は想像以上で、最終的に死者・行方不明者は5098人に上った。戦後最多とされた枕崎台風の約3700人を上回り、「史上最悪」の風水害となった。その後も地震や津波を除き、これを上回る自然災害の被害記録はない。大半は高潮による犠牲者だった。

伊勢湾台風の中心進路

これほど被害が大きくなった理由としては、上陸時点でも最低気圧925ミリバールという「化け物台風」だったことや、通過時刻が伊勢湾の満潮時と重なる不運もあった。だがほかに、行政の対応の遅れや高潮を防ぐための堤防の不備など「人災」面も指摘された。

実は名古屋地方気象台は15号がまだ南海上にあった26日午前10時には、愛知県や名古屋市、県警、消防などの担当者を集め「有史以来の台風が東海地方を襲う可能性がある」と説明した。11時15分にはもう暴風雨・高潮・波浪警報を出している。

だがこれを受けても十分な態勢をとれない自治体もあった。土曜日で職員の多くを早々に帰宅させており、急いで呼集しようとしたときには暴風雨で職員は身動きが取れない。災害対策本部の設置が遅れた所もあり、住民の避難誘導もされなかった。

市民の方も、土曜日の午後のノンビリムードに加え、それまで強い台風に襲われた経験が少なかったため、危機感はそれほど強くなかった。台風通過が当初は27日未明と伝えられていたこともあり、被災者たちはわけもわからないまま突然、真っ暗な「海」に流されてしまった。

教訓を学び「きずな」を意識

一方、気象台の高潮予想は2メートルだったが、26日午後9時半には名古屋港で5・3メートルを記録、うねりも加わり4・8メートルの堤防をやすやすと越えていった。その堤防も地下水くみ上げによる地盤沈下で実際にはそれより低かったり、上部が土だけの「張りぼて」だったりで、被害を大きくしたとされる。

それでも伊勢湾台風の被害から日本人は多くのことを学んだ。政府はそれまでの治水事業5カ年計画を10カ年計画に格上げ、35年からの10年間に9200億円の巨額をかけ、全国で防潮堤の整備を行った。各自治体が風水害にあたりいち早く避難命令を出すようになったのもその教訓からだ。

さらに台風後、全国から今でいう「ボランティア」がかけつけ復旧を手伝い、子供たちは競って衣服などの救援物資を送った。日本人が「きずな」を意識する機会ともなった。5千人という犠牲はあまりに大きかったが。

▼洞爺丸台風

伊勢湾台風などとともに日本に大きな傷痕を残した台風に昭和29年9月の15号がある。26日未明鹿児島の大隅半島に上陸、駆け足で九州や中国地方を斜断、正午ごろには日本海にあった。ここから時速100キロ以上の猛スピードで北北東に進み、夜には北海道付近に達した。

午後6時半過ぎ、函館港を出航した国鉄青函連絡船「洞爺丸」は防波堤を出た直後、強風のため錨《いかり》を下ろし仮泊を決めた。しかしその後も50メートルを超す風に錨ごと漂流、座礁したあげく横転、死者・行方不明者が1155人に達する惨事となった。日本海に出た後さらに勢力を増すという「常識破り」の台風で、「洞爺丸台風」と名付けられた。

1959年－60年

エネルギー転換期の三井三池大争議

日本中が注目した総資本対総労働

平成27（2015）年5月4日、国際記念物遺跡会議（イコモス）が長崎県の軍艦島など「明治日本の産業革命遺産」をユネスコの世界文化遺産に登録するよう勧告した。このため「軍艦島」という島の名が世界中に広まった。

正式には端島といい、長崎半島の西の海上にある周囲1・2キロという小さな島だ。明治の初め、海底の石炭を掘るため開発された。昭和49年に閉山となるまで、採炭従事者の集合住宅やホッパー（貯炭槽）などが建ち並び、遠くから見ると軍艦のようだというのでこの名前がついた。

昭和30年代には島の人口は約5300人、人口密度は東京の約9倍に上った。労働はきつかったが、生活は豊かだった。今でいうマンション風の住宅に住み、電化製品は真っ先に買い、休日には長崎市まで船で遊びにでかけた。戦後エネルギーの基幹として国の厚い保護も受けていた石炭業界の潤いぶりを象徴していた。

だがその豊かさも30年代前半から暗転する。政府の方針転換で、安価でエネルギー効率の良い石油が大量に輸入されるようになり、あっという間に国内エネルギーの主役の座を降りる。売れない石炭を抱えた業界は34年ごろから大幅な人員削減を余儀なくされる。その過程で起きたのが、三井三池大争議だった。

「軍艦島」として知られる旧端島炭坑＝平成21年撮影、長崎県長崎市

社会党左派指導の職場闘争

業界最大手の三井鉱山（現日本コークス工業）は九州と北海道に６つの鉱業所（山）と約５万７千人の従業員を抱え、日本の出炭量の15％を生産していた。

だが33年上半期から赤字経営に転落し、34年、2次にわたり６山合わせて６千人の希望退職者を募った。このうち福岡県大牟田市などの三池鉱業所を除く５山では、夏までに目標の希望退職者が

新組合側の宣伝カーを阻止する三井三池労組＝昭和35年３月

出たが、三池だけは少数にとどまる。

焦った会社側は12月、千数百人に指名解雇を通告、期日内に申し出れば一般退職扱いにするとした。だが三池労組は35年1月になり通告書を集めて焼き捨て、拒否と抗議の姿勢を示した。これに対し会社側は「解雇者」の入山を阻むためロックアウトを実施、労組も無期限ストに突入、争議はエスカレートする。

三井鉱山全体の労組の中で三池労組だけが突出して対決姿勢を見せた背景には、社会党左派の理論的指導者で九州大教授、向坂逸郎氏らの「向坂教室」による「指導」があった。

向坂氏らにマルクスの『資本論』などを学んだ組合員たちは極端な社会主義に染ま

り、各職場での「職場闘争」へつながる。その結果、三池では職場を労組が牛耳り、会社側はその了承なしでは人事もままならなくなった。

会社側が指名解雇を通告した従業員のうち、約300人はそうした労組の中心的活動家だったという。人員整理だけでなく、労組による管理体制の打破をも目指したことは明らかだった。労組側の反発もまたその意図を見抜いたからだった。

直前に回避された流血事態

3月には組合員の2割以上にあたる3千人余りが三池労組を離脱、いわゆる「第2組合」を結成した。就労しようとする「2組」と阻止する「1組」が何度も激しく衝突、多数のケガ人が出る事態となった。労組を束ねる総評やその傘下の炭労も三池闘争を「総資本対総労働の対決」とし、全国から応援を送り、抜き差しならない大争議となった。

7月には福岡地裁が、会社側が求めた三川鉱ホッパー周辺のピケ隊を排除する仮処分を認めた。その執行のため約1万人の警察官が出動、阻止するため総評が動員した約2万人とがにらみ合い、21日の執行期限を前に、一触即発の状態となった。

だが7月19日に発足した池田勇人内閣は争議解決を最優先課題とし、労相になったばかりの石田博英はただちに労使の代表を呼んで中労委への白紙委任を要請、炭労はこれを受け入れ、20日未明に仮処分執行は停止、流血の事態がかろうじて避けられた。8月になって出された中労委のあっせん案は指名解雇を事実上認めさせるものだった。10月になってようやく労使とも受諾、1年近くに及んだ日本の労働史上最大の大争議に終止符が打たれた。労組側の「完敗」とされた。

▼炭鉱事故続発

三井三池争議解決から3年ほど経った昭和38（1963）年11月9日、三井三池鉱業所の三川鉱の坑口から約500メートルの地下で大爆発が起きた。各所で落盤も発生、さらに一酸化炭素が充満し死者458人という戦後最大の炭鉱事故となった。

この前後には福岡県や北海道などの炭鉱で多数の死傷者を出す事故が相次いだ。40年2月には北海道の北炭夕張鉱でガス爆発があり、62人が亡くなった。また同年6月1日には、三井鉱山山野鉱業所が閉山した後の山野鉱業所（福岡県）でやはりガス爆発が起き、237人の死者が出た。こうした事故の続発は石炭業の斜陽化に拍車をかけることになる。

終章

「戦後」の清算なしに喫緊の課題は解消できない

1952年1月18日〜

李承晩の竹島略奪と日韓基本条約

弱体化日本につけ込む「勝手な線引き」

サンフランシスコ講和条約締結を2カ月後に控えていた昭和26（1951）年7月9日、韓国の梁裕燦駐米大使が、ワシントンの米国務省にダレス顧問（後に国務長官）を訪ねた。当時の李承晩大統領の意を受けたらしい梁は、「対馬は韓国領だが、講和条約で韓国に引き渡されるのか」と、突拍子もない質問をする。

ダレスはこう述べて否定した。「対馬は極めて長い間、日本の完全な統治下にあり、講和条約でも現状は変わらない」。

梁は10日後、再びダレスを訪ね「独島（竹島）と波浪島は日韓併合前は韓国領だった」と、今度は竹島の「韓国領」を認めるよう求めた。竹島は戦後、GHQの覚書で日本の行政権からはずれていたからである。

ダレスは即答を避けたが、米国務省は8月、新たな覚書を韓国側に送る。「我々の情報では1905年ごろからこの方、竹島が韓国の一部として取り扱われたことはなく…それ以前にも韓国が領有を主張したこともないようだ」と韓国の主張を一蹴したのだ。

マッカーサー元帥と李承晩大統領(右)＝昭和25年

以上は昭和53年、米国務省が公表したアジア・太平洋に関する1951年の外交文書に記されている。明治38（1905）年に日本が島根県の一部として占有を宣言したことを認めたのであり、この時点で「竹島問題」は決着したはずだった。

ドサクサに竹島の「略奪」を狙う

ところが李承晩は、講和条約発効まで3カ月余りの27年1月18日、一方的に「海洋主権宣言」を発表し、公海上に水域境界線、いわゆる李承晩ライン（李ライン）を設定、「水産資源保全のため主権を行使する」とした。他国漁船

昭和29年に産経新聞双発機より撮影された竹島全景＝昭和29年１月６日

の締め出しである。

日本と最も関係の深いラインは、北緯38度・東経１３２度50分と北緯32度・東経１２７度とをほぼ斜めに結んでいた。対馬こそ外側だったものの、竹島はこのラインの韓国側内側に入っていた。

梁大使の発言と併せて考えれば、脆弱な韓国の漁業を日本漁船から守るだけではなかった。日本が敗戦で無力化されたドサクサに竹島を「略奪」するためのラインだったことは明らかで、28年2月にはその領有権を主張する。

むろん日本政府は李ラインを認めない。公海での操業の自由を主張するが、日本海を有力な漁場としてきた日本の漁民たちにとっては、政治よりも生活がかかった問題だった。

このため九州や中国地方などの漁船は、危険をおかしてもラインを越えて漁場に向かう。だが韓国側も警護を強め、ライン内に入った日本漁船を次々と拿捕《だほ》、その数は39年までに326隻に上り、400人近い乗組員が抑留された。特に28年2月には福岡県の第一大邦丸が済州島沖で拿捕され、その後漁労長が射殺される事件まで起き、日本の世論が沸騰した。

日本と韓国との間に国交がなかったことも解決を困難にした。両国はGHQの斡旋を受けた形で26年に国交樹立のための日韓会談を始めた。しかし数次にわたる会談も、李ラインや対日賠償請求問題、竹島の帰属問題などをめぐり溝は容易に埋まらなかった。

難航した日韓基本条約

しかし35年に李が辞任に追いやられて亡命、翌年、朴正熙がクーデターで政権を握ってから徐々に進展、佐藤栄作政権下の40年にようやく妥結、6月22日、東京で日韓基本条約の調印にこぎつける。

この中で日韓両国は外交関係を結ぶとともに、①日韓併合条約は無効②韓国政府が朝鮮半島唯一の合法的政府③日本から5億ドルの借款と民間の3億ドル以上の経済協力④李ラインは解消――などの点が確認された。

これに対し、日本では北朝鮮を国として認めていないなどの理由で左翼勢力が反対、韓国でも軍事政権への批判派を中心に「併合時代の日本の責任が明確でない」などと反発した。

だがこれにより日本は懸案の李ライン撤廃にこぎつけ、韓国も多額の経済協力により、後に「漢江の奇跡」といわれる経済成長への道を踏み出すことになった。ただ随所にあいまいな点も多く、特に竹島帰属が事実上棚上げにされたことは、他の歴史認識問題とともに後世に禍根を残した。

▼マッカーサー・ライン

終戦直後の昭和20年9月27日、GHQは日本漁船の操業区域を指定するラインを設定した。マッカーサー・ラインと呼ばれた。日本と連合国との漁業取り決めのようなものだった。だが韓国は連合国でなかったにもかかわらずこれを自国と日本との「国境」のように解釈、日本漁船を拿捕、GHQから停止を求められたこともあった。

昭和27年4月の講和条約発効とともにこのマ・ラインが廃止されることが確実になったため、これに代わるものとして一方的に引いたのが李承晩ラインだった。マ・ラインでは外に置かれていた竹島を内側に含むなど、マ・ラインよりも日本寄りに設定した。

1972年5月15日

沖縄復帰と「密約」問題

ニクソンのパイプや密使もフル活用した佐藤政権

昭和44（1969）年3月29日（日本時間）、米国の元大統領、ドワイト・アイゼンハワーが亡くなった。第二次大戦のノルマンディー上陸作戦の英雄でもあり、米政府は3日後に国葬を行うことを発表した。

日本の佐藤栄作内閣は、佐藤の実兄の岸信介元首相を特使として参列させることを決めた。岸とアイゼンハワーは日米安全保障条約改定を実現させたコンビであり、当然の人選だったが、佐藤にはもうひとつの思惑もあった。

米国大統領はこの年の1月に就任したばかりのリチャード・ニクソン（共和党）だった。アイゼンハワーの下で副大統領をつとめ岸とも親しかった。そればかりでなく、その後大統領選でジョン・F・ケネディに負け、カリフォルニア州知事選でも苦杯をなめて失意のうちにあったニクソンを岸は日本に招き、ゴルフをするなどして励

復帰を前に市内の中心道路には横断幕などの飾り付けも出来上がった＝昭和47年５月、沖縄・コザ市のセンター通り

ますという「恩」があった。

佐藤はこの「パイプ」を利用、葬儀後に予想される会談で、沖縄返還交渉を軌道に乗せる役割を期待していたのである。

佐藤が沖縄返還を自らの最重要課題とするのは39年7月の自民党総裁選にまでさかのぼる。現職首相の池田勇人、元外相の藤山愛一郎と争うことになる総裁選に出馬表明した記者会見で、当時蔵相の佐藤はこう述べた。

ニクソンは「至急」の指令を出した

「ソ連には南千島を、米国には沖縄の返還を要求する領土問題が片付かないと戦後は終わったとか言えない。私が政権をとれば、米大統領に正面からこの問題を持ち出す」

米国の沖縄に対する軍事戦略的要請を受け

入れ、統治の継続を容認するという「現状固定化政策」の転換を求めたのだ。

佐藤はこの総裁選では池田の前に涙を飲んだものの、東京五輪後のこの年の11月、池田が病に倒れたため念願の首相の座につく。そして首相の諮問機関「沖縄問題懇談会」を発足させるなど、「公約」実現に向け動き出す。

40年8月には戦後の首相として初めて沖縄を訪問する。到着した那覇空港で「沖縄の祖国復帰が実現しない限り、わが国にとって戦後が終わっていない」という声明を読み上げ、並々ならぬ復帰への意欲をみせた。

しかしベトナム戦争の泥沼から抜け出せない米国のリンドン・ジョンソン政権は、日本の要求に簡単には耳を貸さない。42年11月、佐藤訪米時の日米首脳会談でも、「3年以内に返還の目途をつける」ことが共同声明に盛り込まれただけだった。日本側としてはニクソン政権の出現に望みを託していた。

復帰の記念式典で何度もハンカチで目頭をおさえる佐藤栄作首相＝昭和47年5月15日、東京・日本武道館

アイゼンハワーの葬儀の2日後、ニクソンは「期待」に応え、岸との会談

に他の特使より長い時間を割いた。岸自身らによる『岸信介の回想』によれば、「秋の佐藤訪米までに解決してほしい」という岸に対し、ニクソンは「大統領になったばかりで忙しい。反対ではないが、秋までには時間的に無理だ」という。だが岸が重ねて要請すると「たくさん書類があって、沖縄問題は下積みだったのを上の方にあげてくれた」という。「国務省の係官が、ニクソンから至急沖縄問題を解決しろと指令を受けてやった」ともしている。

「核抜き本土並み」の返還

佐藤はそうした政治家や外交ルート以外にも「密使」も使っていた。京都産業大教授だった国際政治学者の若泉敬である。佐藤に対し「事務レベルだけでなく、直接ホワイトハウスを攻めなければだめだ」と進言したことから、要請を受けて何度も渡米、ジョンソン政権のウォルト・ロストウ、ニクソン大統領のヘンリー・キッシンジャーという大統領補佐官らと秘かに交渉した。

こうしたさまざまなルートでの交渉の結果、44年11月の佐藤訪米による日米首脳会談で、47年に施政権を日本に返還することで合意が成立、共同声明が発表される。返還後の米軍基地は日本の核政策、非核3原則を尊重、日米安保条約をそのまま適用する「核抜き本土並み」という日本側の要求を通したものとなった。

47年5月15日、沖縄は戦後27年ぶりに日本に復帰、「沖縄県」として新たなスタートを切った。この日、日本武道館で開かれた復帰式典で、佐藤は人目もはばからず涙をふいた。

▼核密約説

「密使」をつとめた若泉は22年後の平成6年、著書『他策ナカリシヲ信ゼムト欲ス』の中で、佐藤、ニクソンの間で共同声明と別に秘かに合意議事録を交わしたことを明らかにした。極東の有事にあたっては米核兵器の再持ち込みを可能とするもので、返還に根強い抵抗感を持っていた米軍に対する「保証」の意味を持っていた。

若泉は2年後に死去、日本国内で「密約」の有無が論議を呼んだが、平成21年12月、合意議事録が佐藤邸で見つかり、若泉の「証言」を裏付けた。だが翌22年3月、当時の民主党政権で設けられた「『密約』問題に関する有識者委員会」は、「文書は確認できたが佐藤内閣以降は（日本政府を）拘束せず、必ずしも密約とはいえない」と結論づけた。

1972年7月－8月

田中政権登場で日中国交回復へ

動かしたのは周恩来の積極姿勢だった

昭和47（1972）年6月17日、沖縄返還を成しとげた佐藤栄作首相は退陣を表明、7年8カ月近くに及ぶ戦後最長の政権に終止符を打った。

後継首相を決めるため7月5日に行われた自民党総裁選には田中角栄、福田赳夫、大平正芳、三木武夫という党内の「実力者」4人が立候補した。国会議員らによる1回目の投票では4人とも過半数に達せず、決選投票の結果、通産相の田中が外相の福田に100票近い差をつけ当選する。

この総裁選、当初は福田有利とみられていた。エリート官僚出身で安定感があるうえ、旧岸派の多数を引き継ぎ、佐藤派の一部などからも強い支持を得ていたのだ。

だが田中を中心に大平、三木、それに立候補は見送ったものの、一派を率いる中曽根康弘との間で「反福田」4派連合が結成され、一気に田中優勢に傾いたのだ。4派を結びつけたのは「中国」だった。つまり首相になれば日中国交正常化を進めるということで「政策協定」を結び、連合を組んだのだった。

日本は昭和27年4月、サンフランシスコ講和条約の発効とほぼ同時期に、台湾の中華民国政府、つまり蔣介石政府と日華平和条約を結んだ。戦争状態を終わらせるとともに、台湾側は戦争にかかわる賠償請求権を放棄した。

中国側の国交回復「草案」に驚く

一方、中国共産党の中国とは国交がなく、経済界や政界関係者が訪中するぐらいで、基本的には対立関係が続いていた。

しかし、いわゆる「ピンポン外交」から、昭和47（1972）年2月のニクソン米大統領の訪中へと、米中は急速に接近する。日本の政治家はこの動きに大きな衝撃を受け、「日中国交回復」を口にするようになる。

そうした中での総裁選だった。

国交正常化積極派だった大平が田中を説き、親中派の三木を取り込み、やはり積極派の中曽根を加え4派連合ができた。これに対し福田は派内に親台湾派が多いうえ、政治の師である岸信介や佐藤が慎重だったことから、対中姿勢で遅れをとったとされ

自民党臨時党大会で、第６代総裁に選ばれた田中角栄氏。右手を挙げ、得意の絶頂＝昭和47年７月５日、東京・日比谷公会堂

る。

それでも首相になった田中は慎重だった。外相に就任した大平が早々に橋本恕中国課長らに田中と大平の訪中準備を命じたのと裏腹に動かない。「親台湾派も多い中、日中に手をつければ（自分の）クビが飛ぶ」と語っていたという。まるで国交正常化を打ち上げたのは政権を取るためだけの「方便」だったと言わんばかりだった。だがその田中を動かしたのは、中国の周恩来首相の積極姿勢だった。

周は日本に田中政権が誕生した直後、中国との太いパイプを持ち、田中とも近い公明党の竹入義勝委員長に訪中を促した。竹入は正木良明政審会長らを伴い7月25日に北京入り、3日間にわたって周と会談する。そこで示された中国側の国交正常化「草案」に、竹入らは驚く。

むろん①中華人民共和国が中国唯一の政府、②台湾は中国領の不可分の一部、③日華平和条約は不法で破棄されるべき——という中国の復交三原則は不変だったが、ほかに日中戦争の賠償請求権の放棄や日米安保条約の容認、さらに中国が食指を動かし始めていた尖閣諸島の件も持ち出さない、との方針を打ち出してきたからだ。

逡巡する首相を後押しした竹入メモ

特に賠償請求は日華平和条約で台湾が放棄している以上、中国に支払うわけにはいかない。請求してきた場合、国内保守派の猛反発が予想され、正常化は不可能というのが日本側の立場だった。

中国がここまで譲歩したのには理由があった。文化大革命以来、中ソ関係が悪化の一途をたどっていた中、ソ連に対抗するため、米国をはじめ西側諸国との関係改善に迫られていた。また周自身としては、文革派のこれ以上の台頭を抑えるために外交の成果をあげる必要があったのだ。

正常化実現に確信を持った竹入は帰国後、ただちに田中と大平に中国側の「草案」を竹入メモとして伝える。竹入の訪中前、竹入を「親しい友人」とする「一筆」すら拒否した田中は2日間考えた末8月5日、「中国に行く」と答える。田中内閣発足後まだ1カ月もたっていなかった。

▼ピンポン外交

昭和46(1971)年3月、名古屋市で開かれた世界卓球選手権大会に参加した中国選手団の宋中秘書長は最終日の4月7日、米国の卓球選手団を中国に招待することを表明、スポーツをきっかけに途絶えていた米中の交流が始まった。「ピンポン外交」といわれた。

この年の7月9日には、米ニクソン政権のキッシンジャー大統領補佐官が秘密裏に中国を訪問し周恩来首相と会談、翌47年2月27日にはニクソンが訪中、平和共存5原則をうたった米中共同声明を発表、「頭越し」の米中接近が日本などに衝撃を与えた。しかし正式な国交樹立は、日中より遅れ49(1974)年1月となった。

1972年9月29日

対ソ緊張で尖閣まで譲歩した周恩来

日本の「前のめり」に保守派や台湾は反発

昭和47（1972）年9月25日、田中角栄首相、大平正芳外相らを乗せた日航特別機が北京空港に到着した。宿泊する釣魚台迎賓館の部屋に案内された田中は目をむく。暑がりな田中のために室温は17度にセットされ、机の上にはおやつとして田中が好む銀座木村屋のアンパンが用意してあった。

首相就任前、在東京の中国人記者が秘書の早坂茂三から取材した「個人情報」に基づいていた。田中は大平に「すごい国に来た。交渉は命がけだ」と語るが、「おもてなし」は中国側の国交正常化にかける意気込みを示していた。

交渉は25日午後の田中と周恩来首相の首脳会談で始まった。この日夜には周首相主催の歓迎夕食会が人民大会堂で開かれる。田中はあいさつで「わが国が中国国民に多大の迷惑をおかけしたことについて、改めて深い反省の念を表明する」と述べた。

「戦争状態の終結」も「台湾問題」も妥協

これに対して周は翌日の第2回首脳会談で「怒り」を表明する。「中国では『迷惑』とは、うっかりスカートに水をかけたときぐらいに使う言葉だ」というのだ。

さらにこの日午前の外相会談で、日本側の日華平和条約に対する見解にもかみついた。台湾とのこの条約を「不法」とする中国側主張に対し、高島益郎外務相条約局長が「有効」と発言した。交渉のポイントのひとつ「戦争状態の終結」はすでに日華条約で解決済みで、この条約で賠償請求権が放棄された以上、中国に請求権そのものがない、という日本側の論理だった。周は高島を「法匪《ほうひ》」とののしったとされる。

周のこの二つの「怒り」は、日本のマスコミによって伝えられたものである。しかし「迷惑」については、田中が会談の場ですぐ「日本では『迷惑』の意味は大きい」と反論、周もそれ以上追及せず、交渉に大きな影響は及ぼさなかったとされる。「法匪」発言については、発言そのものがなかったと中国側出席者が証言している。

実態は中国側がかなり「前のめり」で交渉に当たっており、多くの点で妥協している。その結果「戦争状態の終結」は「不正常な状態の終了」として共同声明に盛り込むことになった。台湾問題も「台湾が中国の領土の不可分の一部である」という中国

日中国交のため訪中した田中首相は、人民大食堂での周首相主催晩餐会で、周首相自ら料理を皿に運ぶ歓迎を受ける＝昭和47年９月25日、北京市の人民大会堂

の立場を日本政府は「十分理解し、尊重する」ことで妥結した。

また日華条約の扱いは共同声明からははずし、大平が別途、記者会見で「条約は存在の意義を失い終了した」という日本政府の見解を表明する形で決着した。この結果、一時は危ぶまれた国交正常化は、29日に調印が行われた共同声明によって実現した。

前述のように、当時の中国にとって最大の脅威は、互いに大使を引き揚げるほどに関係がこじれていたソ連であり、米国と急接近し日本とかなり妥協しつつ国交正常化を急いだ背景もそこにあった。このため共同声明にはソ連を念頭にアジア・太平洋地域において覇権を求めることに反対するという「覇権条項」が明記された。

「中国ブーム」にも厳しいしっぺ返し

日本にとっては、田中政権発足後3カ月足らずの国交正常化は予想外の早さだった。台湾にシンパシーを抱く自民党の保守派の多くは「今回は正常化まではいくまい」と見ていた。「断交」を突きつけられた台湾側もそうした見方をとっていた。

それだけに、あまりに早足の正常化は台湾の強い反発はもとより、自民党内の激しい対立を生んだ。昭和53年8月の日中平和友好条約の締結

中国が食指を動かす尖閣諸島・魚釣島の高台に建つ「石垣市建之」の領土標。明治の開拓者が積み上げげた工場跡と東シナ海を見下ろしている＝昭和45年10月撮影

まで6年もかかったことの一因ともなった。さらに米国を追い抜くような国交樹立はその反発を招いた面もあった。

だが日本の国民は日中国交正常化を熱烈に歓迎した。国交樹立後に中国からプレゼントされたパンダの人気も重なり、日本中に「中国ブーム」が起きた。

実態は中国側の交渉を急ぐ事情が大きかったにもかかわらず、マスコミの偏った報道もあって「中国は寛大な態度で、戦前の日本を許してくれた」と受け取ったのである。だがその後、経済力をつけた中国は一転して「歴史」を蒸し返し、尖閣諸島などで日本に圧力をかけている。中国に合わせて前のめりに国交樹立を急いだ「ツケ」と言っていい。

▼椎名特使

田中首相の訪中よりわずか8日前の昭和47年9月17日、椎名悦三郎自民党副総裁（元外相）が、日中国交樹立に理解を求める「特使」として台湾を訪問した。

台北の空港で椎名は数百人のデモ隊に囲まれ、タマゴなどを投げつけられ、蔣経国行政院長からはそれまでの「信義」を理由に強い抗議を受ける。これに対し椎名は自民党総務会での党議決定をもとに「日中国交正常化後も、中華民国とは外交関係を含め従来のあらゆる関係を維持しようと考えている」

などと述べた。

結果的には「断交」せざるを得なかったが、椎名特使の派遣が、台湾側の強硬な「報復」を断念させたとの見方もある。

1982年6月26日〜

歴史問題、領土問題克服へ

誤報から始まった「歴史戦」

昭和57（1982）年6月26日、マスコミ各社は文部省（現文部科学省）が発表した小学校、高校の教科書検定結果を報じた。その中で各社共通して伝えた検定による「書き換え」があった。

高校のある世界史教科書が、当初「日本軍が（中国の）華北に侵略」とあったのが、文部省の意見で「華北に進出」と改めさせられた。また「中国への全面侵略」が「全面侵攻」になったという。各紙ともそこに文部省の一定の「意図」があるかのように報じた。

とはいえ、その部分の扱いはさほど大きくなく、気付く人も少なかった。だが、ちょうど1カ月後の7月26日になって突然、国際問題化してくる。

中国外務省が北京日本大使館の渡辺幸治公使を呼び、歴史教科書の検定が4項目にわたり「歴史を改竄《かいざん》した」と抗議してきたのだ。一番目に挙げたのが「華北に侵略」の「進出」への書き換えだった。さらに8月3日には韓国も追随して抗議してきた。当時は鈴木善幸内閣である。鈴木は中国との国交正常化を推進した大平正芳の後継者でもあっただけに、周章狼狽する。

「書き換え」が事実のごとく独り歩き

8月9日、まず桜内義雄外相が「(中韓)両国の感情を刺激していることを認め……」と発言、外務省は文部省に教科書を前のように書き換えを求める。26日には宮沢喜一官房長官が談話を発表、「政府の責任」で「進出」の表現を書き改めさせると した上で「検定基準」の改定にまで言及する。悪名高い「宮沢談話」である。

だがその根拠となった「侵略→進出」の書き改めは全くの「誤報」だったことがわかる。9月2日発売のオピニオン誌『諸君!』で、渡部昇一上智大教授(当時)は「萬犬虚に吠えた教科書問題」として、書き換えの事実はなかったことを明らかにした。

各マスコミが調べてみると、確かに当該の教科書は検定前から「進出」としていた。

しかも直後から文部省は国会答弁などで「検定による書き換え」はなかったことを繰り返していた。このため産経新聞は9月7日付朝刊社会面に「読者に深くおわびします」という4段見出しの異例の謝罪記事を掲載、誤報の経緯を伝えた。

当時、検定教科書は全科目で膨大な冊数となるため、文部省記者クラブは加盟各社の記者が分担して読み、互いにリポートを交換するのを慣習としていた。問題の誤報は、担当した民放テレビの記者が「侵略」が書き換えられたと誤って報告したのを、各社が鵜呑《うの》みにしたために起きた。

ただ産経新聞以外のマスコミは、そこまでハッキリ「誤報」を認めなかったこともあり、「書き換え」は事実のごとく独り歩きしていく。

11月16日には文部大臣の諮問機関の「教科用図書（教科書のこと）検定調査審議会」が「社会科の検定基準に近隣諸国との友好・親善に配慮した新たな一項目を設ける」などとした答申を行う。いわゆる「近隣諸国条項」で、およそ独立国のものとは言えない検定制度となったのである。

これにより教科書だけでなく、「南京事件」や「慰安婦」をめぐり政治家や識者がこれを否定する発言をすることにまで中国や韓国が「抗議」して日本に「歴史戦」を仕掛けるという今にいたるきっかけを作った。

自虐史観、東京裁判史観からの脱却こそ

それにしても、恐らく「誤報」と知っていた政府首脳までなぜ中国、韓国に迎合したのだろう。問題は過剰な外交配慮だけでなく、政治家もマスコミも戦前の日本をすべて「悪」とする自虐史観や、東京裁判史観に縛られてしまっているところにある。日本が満州や中国を「侵略」したとするのは、明らかに日本の戦争犯罪を裁き、日本を弱体化するための米国など戦勝国側の論理そのものだ。前に書いたように、満州事変を日本軍の「侵略」とすることには、「当事者」だった石原莞爾元関東軍参謀が東京裁判の証人として強い疑義を挟んだ。

長谷川三千子埼玉大学名誉教授は、産経新聞「正論」欄（平成27年4月20日付）で戦勝国側の歴史観についてこう書く。

「敗戦国の行った戦争は『侵略』であり『ウォー・ギルト』（戦争という罪）であるという結論が先にあり、それに沿い従ったかたちで歴史が描かれてきた」

そうした歴史観から脱却しないかぎり、真の意味で「日本の戦後」は終わらないだろう。

主な参考文献

＊産経新聞取材班「戦後史開封1～3」（産経新聞ニュースサービス）＊藤岡信勝自由主義史観研究会「教科書が教えない歴史1～4」（産経新聞ニュースサービス）＊講談社編「昭和二万日の全記録」（講談社）＊山極晃他編「資料日本占領」（大月書店）＊木下道雄「側近日誌」（文藝春秋）＊江藤淳編「占領史録」（講談社学術文庫）＊梅津和郎「財閥解体」（教育社歴史新書）＊工藤美代子「絢爛たる悪運　岸信介伝」（幻冬舎）＊福田和也「悪と徳と　岸信介と未完の日本」（産経新聞出版）＊北村稔「『南京事件』の探究」（文春新書）＊早坂隆「松井石根と南京事件の真実」（文春新書）＊岩川隆「孤島の土となるとも―BC級戦犯裁判」（講談社）＊福田和也「地ひらく―石原莞爾と昭和の夢」（文春文庫）＊江藤淳「一九四六年憲法―その拘束」（文藝春秋）＊江藤淳「閉された言語空間　占領軍の検閲と戦後日本」（文藝春秋）＊岡崎久彦「吉田茂とその時代」（PHP研究所）＊吉田茂「回想十年」（新潮社）＊鈴木正男「昭和天皇の御巡幸」（展転社）＊加瀬英明「天皇家の戦い」（新潮社）＊松本清張「日本の黒い霧㊤㊦」（文春文庫）＊ジョン・トーランド（千早正隆訳）「勝利なき戦い　朝鮮戦争」（光人社）＊萩原遼「朝鮮戦争　金日成とマッカーサーの陰謀」（文藝春秋）＊袖井林二郎「マッカーサーの二千日」（中公文庫）＊西村熊雄「サンフランシスコ平和条約・日米安保条約」（中公文庫）＊宮沢喜一「東京―ワシントンの密談」（中公文庫）＊加瀬俊一「加瀬俊一回想録」（山手書房）＊兵本達吉「日本共産党の戦後秘史」（産経新聞出版）＊長尾和郎「正力松太郎の昭和史」（実業之日本社）＊河野一郎「今だから話そう」（春陽堂書店）＊鳩山一郎「鳩山一郎回顧録」（文藝春秋新社）＊鹿児島県「鹿児島県職業安定行政史」＊岸信介「岸信介回顧録―保守合同と安保改定」（廣済堂出版）＊岸信介　矢次一夫　伊藤隆「岸信介の回想」（文春学藝ライブラリー）＊有賀宗吉「十河信二」（十河信二傳刊行会）＊牧久「不屈の春雷―十河信二とその時代」（ウェッジ）＊千田恒「佐藤内閣回想」（中公新書）＊楠田實編著「佐藤政権・二七九七日」（行政問題研究所）＊若泉敬「他策ナカリシヲ信ゼムト欲ス―核密約の真実」（文藝春秋）＊服部龍二「日中国交正常化」（中公新書）＊石井明他「記録と考証　日中国交正常化・日中平和友好条約締結交渉」（岩波書店）

◇本書は、平成25年4月から始まった産経新聞の連載企画「子供たちに伝えたい日本人の近現代史」を基にし、戦後部分として一部加筆してまとめました。連載は27年3月で終了しました。なお、戦争に関する部分は「日本の戦争」として刊行されています。

単行本　平成二十七年七月「子供たちに知らせなかった日本の『戦後』」改題　産経新聞出版刊

産経NF文庫

「令和」を生きる人に知ってほしい 日本の「戦後」

二〇一九年六月二十一日 第一刷発行

著 者 皿木喜久

発行者 皆川豪志

発行・発売 株式会社 潮書房光人新社

〒100-8077 東京都千代田区大手町一-七-二

電話/〇三-六二八一-九八九一(代)

印刷・製本 凸版印刷株式会社

定価はカバーに表示してあります

乱丁・落丁のものはお取りかえ致します。本文は中性紙を使用

ISBN978-4-7698-7012-8 C0195

http://www.kojinsha.co.jp

産経NF文庫の既刊本

日本が戦ってくれて感謝しています

アジアが賞賛する日本とあの戦争

井上和彦

インド、マレーシア、フィリピン、パラオ、台湾……日本軍は、私たちの祖先は激戦の中で何を残したか。金田一春彦氏が生前に感激して絶賛した「歴史認識」を辿る旅――涙が止まらない！感涙の声が続々と寄せられた15万部突破のベストセラーがついに文庫化。

定価〈本体860円＋税〉 ISBN978-4-7698-7001-2

日本が戦ってくれて感謝しています2

あの戦争で日本人が尊敬された理由

井上和彦

第1次大戦、戦勝100年「マルタ」における日英同盟を序章に、読者から要望が押し寄せたインドネシア――あの戦争の大義そのものを3章にわたって収録。日本人は、なぜ熱狂的に迎えられたか。歴史認識を辿る旅の完結編。15万部突破ベストセラー文庫化第2弾。

定価〈本体820円＋税〉 ISBN978-4-7698-7002-9

産経NF文庫の既刊本

国会議員に読ませたい　敗戦秘話

政治家よ！　もっと勉強してほしい

産経新聞取材班

敗戦という国家存亡の危機からの復興、そして国際社会で名誉ある地位を築くまでになったわが国——なぜ、日本は今、繁栄しているのか。国会議員が戦後の真の歴史を知らずして、この国を動かしているとしたら、日本国民としてこれほど不幸なことはない。

定価〈本体820円＋税〉　ISBN978-4-7698-7003-6

国民の神話

日本人の源流を訪ねて

産経新聞社

乱暴者だったり、色恋に夢中になったりと、実に人間味豊かな神様たちが多く登場し、躍動します。感受性豊かな祖先が築き上げた素晴らしい日本を、もっともっと好きになる一冊です。日本人であることを楽しく、誇らしく思わせてくれるもの、それが神話です！

定価〈本体820円＋税〉　ISBN978-4-7698-7004-3

産経NF文庫の既刊本

総括せよ！　さらば革命的世代
50年前、キャンパスで何があったか

産経新聞取材班

半世紀前、わが国に「革命」を訴える世代がいた。当時それは特別な人間でも特別な考え方でもなかった。にもかかわらず、彼らは、あの時代を積極的に語ろうとはしない。彼らの存在はわが国にどのような功罪を与えたのか。そもそも、「全共闘世代」とは何者か？

定価〈本体800円＋税〉　ISBN978-4-7698-7005-0

金正日秘録
なぜ正恩体制は崩壊しないのか

龍谷大学教授　李　相哲

米朝首脳会談後、盤石ぶりを誇示する金正恩。正恩の父、正日はいかに権力基盤を築き、三代目へ権力を譲ったのか。機密文書など600点に及ぶ文献や独自インタビューから初めて浮かびあがらせた、2代目独裁者の「特異な人格」と世襲王朝の実像！

定価〈本体900円＋税〉　ISBN978-4-7698-7006-7

産経NF文庫の既刊本

中国人が死んでも認めない 捏造だらけの中国史

黄 文雄

真実を知れば、日本人はもう騙されない！中国の歴史とは巨大な嘘！中華文明の歴史が嘘をつくり、その嘘がまた歴史をつくる無限のループこそが、中国の主張する「中国史の正体」なのである。だから、一つ嘘を認めれば、歴史を誇る「中国」は足もとから崩れることになる。

定価〈本体800円＋税〉 ISBN978-4-7698-7007-4

神武天皇はたしかに存在した

神話と伝承を訪ねて

産経新聞取材班

（神武東征という）長旅があって初めて、天照大御神の孫のニニギノミコトを地上界での祖とする皇室は大和に至り、天皇と名乗って「天の下治らしめしき」ことができたのである。東征は、皇室制度のある現代日本を生んだ偉業、そう言っても過言ではない。（序章より）

定価〈本体810円＋税〉 ISBN978-4-7698-7008-1

産経NF文庫の既刊本

日本に自衛隊がいてよかった
自衛隊の東日本大震災
桜林美佐

平成23年3月11日、日本を襲った未曾有の大震災——被災地に入った著者が見たものは、甚大な被害の模様とすべてをなげうって救助活動にあたる自衛隊員の姿だった。自分たちでなんでもこなす頼もしい集団の闘いの記録、みんな泣いた自衛隊ノンフィクション。

定価〈本体760円+税〉 ISBN 978-4-7698-7009-8

全体主義と闘った男 河合栄治郎
湯浅 博

自由の気概をもって生き、右にも左にも怯まなかった日本人がいた！河合は戦前、マルクス主義の痛烈な批判者であり、軍部が台頭すると、ファシズムを果敢に批判した。河合人脈は戦後、論壇を牛耳る進歩的文化人と対峙する。安倍首相がSNSで紹介、購入した一冊！

定価〈本体860円+税〉 ISBN978-4-7698-7010-4

子供たちに伝えたい 日本の戦争 1894〜1945年
あのとき なぜ戦ったのか
皿木喜久

あなたは知っていますか？子や孫に教えられますか？日本が戦った本当の理由を。日清、日露、米英との戦い…日本は自国を守るために必死に戦った。自国を貶める史観を離れ、「日本の戦争」を真摯に、公平に見ることが大切です。本書はその一助になる〝教科書〟です。

定価〈本体810円+税〉 ISBN978-4-7698-7011-1